松井 暁
Satoshi Matsui

社会民主主義と社会主義

Social Democracy and Socialism

専修大学出版局

まえがき

　筆者はこの数年間，現代資本主義を，社会民主主義が追求する福祉国家として捉え，それが共産主義社会に移行するうえでいかなる問題を克服しなければならないかという問題を，マルクス主義を中軸とする社会主義の観点から考察してきた．このテーマに関する論考をまとめたのが本書である．
　第1章では，社会民主主義の今日における再生の意義を検討する．福祉国家は1970年代に危機を迎え，新自由主義からの攻撃を受け，「第三の道」または社会民主主義の刷新を経て，その再編に至る．そして現在，従来の福祉国家論の枠組みを超えた次元にまで踏み込んで社会民主主義の再生を求める議論が登場してきた．福祉国家の危機においてクローズ・アップされたのは，経済成長，労働，国家，グローバル化の四つの論点である．マルクス主義はこれらの論点について，定常型社会，労働と福祉の分離，国家の縮小，コスモポリタン社会を推進する．今日の社会民主主義はマルクス主義のこの路線を受容し，福祉国家資本主義を超えて共産主義社会への移行を推進することを迫られている．社会民主主義の再生は自らが社会主義へと完全に転化することによって可能である．
　ところで第1章では，福祉国家の危機と共産主義社会への移行に関わる四つの論点について，マルクス主義のスタンスを提示したが，実はこれらの四つの論点いずれについても，マルクス主義の中で確立された定説が存在するわけではない．そこで第2章から第6章にかけては，これら四つの論点，すなわち経済成長，労働，国家，グローバル化について，マルクス主義はいかなる姿勢をとるべきかを，その理論的中軸たる史的唯物論・疎外論・搾取論などを踏まえつつ考察し，筆者の見解を提示する．なお本書でいうマルクス

主義とは，K・マルクスの著述に忠実に従った解釈ではなく，彼が提出した学説を整合的に総合した体系を表す．この意味で本書はマルクスの文言よりもマルクス主義のほうを重視する．

第2章は，マルクス主義とエコロジーの関係を生産力の概念に焦点を当てて考察する．生産力の概念を生産量P1，生産性P2，自然制御能力P3の三つに分類し，P1，P2，P3に基づく史的唯物論とエコロジーの関係について検討する．P1とP3は，エコロジーとの両立や史的唯物論との整合性という点で，生産力の概念にふさわしくない．そこで生産力の概念からP1とP3を外し，P2に限定することを提案する．生産力の概念P2は，生産力は歴史を通じて一貫して上昇するという史的唯物論と整合的であり，しかも経済成長が停止した定常状態の成立と矛盾しない．史的唯物論を中核とするマルクス主義は，エコロジーと論理的に両立する．

第3章は，マルクス主義の将来社会論における労働の位置づけを検討する．そのために労働と自由時間の概念を次のように分類する．L1：資本主義社会における賃金労働，L2：市場経済における労働，L3：私有財産制下の自給自足経済における労働，L4：社会主義社会の貢献原理における労働，L5：（狭義の）共産主義社会の必要原理における労働，F1：自由時間における高度な活動，F2：自由時間における余暇．資本主義社会から社会主義社会にかけては，L1〜L4のうちより疎外の少ない労働への移行，すなわち「労働の解放」が推進される．（狭義の）共産主義社会では，L5がF1やF2に変換すること，つまり「労働からの解放」が期待される．したがって労働は人間の本質ではない．

第4章では，労働力と生産手段の所有と，生産物の所有の関係について考察する．生産の二大要素は労働力と生産手段である．したがってマルクスの所有理論は二つのタイプに分類できる．第一は労働所有論TLで，生産物を所有する権利は労働にあると主張する．第二は生産手段所有論TOMPで，こ

れによれば生産手段の所有により，生産物を所有する権利が与えられる．マルクスはTLとTOMPの両方を採用しており，彼の態度は一貫性がないように見える．しかし史的唯物論の観点からすれば，社会システムの変化に応じてTLとTOMPの関係が変化することを説明できる．マルクスがTLとTOMPの両方に依拠するのは，論理的な矛盾や修辞的な反論ではなく，社会の歴史的発展を考慮するからである．

第5章では，マルクス国家論の真髄を疎外国家論と捉え，その特徴を明らかにする．疎外国家論によれば，分業と私有財産制のもとで諸個人の利害対立が生じたため，国家が出現する．アナーキズムを国家の廃絶をめざす思想として広義に理解すれば，マルクス主義はアナーキズムの一種である．マルクス主義と狭義のアナーキズムが国家廃絶の目標と手段の関係をめぐって意見を異にするのは，国家の存在条件についての事実認識の相違に基づく．自由主義国家論を階級国家論と比較すると，階級国家論は階級がなくなれば国家もなくなると主張するのに対して，自由主義国家論は階級がなくともそこに個人間の利害対立が存在するならば，国家が発生せざるをえないと主張する．自由主義国家論を疎外国家論と比較すると，前者が国家の廃絶は不可能であると主張するのに対して，後者は国家は廃絶できるし，廃絶されるべきであると主張する．階級国家論を基底から支えるのが疎外国家論である．

第6章は，資本主義的なグローバル化に対するマルクス主義の見地を確認する．現在の資本主義的なグローバル化にどう対処するべきかという問題について，マルクス主義者は資本主義的グローバル化を前提したうえで，新自由主義に対抗するグローバル社会民主主義を推進するべきである．マルクスは，資本主義の発展こそがその止揚をもたらすという「資本の文明化作用」論を唱えた．この議論をグローバル化に適用すれば，マルクス主義者はグローバル化の非資本主義的な地域への拡大を肯定することになる．これまで「社会主義」を自称する国家の一部は，「社会主義への非資本主義的な道」を追

求してきた．しかしソ連・東欧や中国，従属理論を適用したアフリカや中南米において，この路線は失敗が明白になった．先進資本主義国では資本主義が成熟段階にあり，社会主義へ移行するべき段階に到達した．先進国が発展途上国と協力してオルタ・グローバリゼーションの運動を展開すれば，途上国の福祉国家資本主義への移行も可能である．「世界は中心から変わる」．

　第7章は本書の結論である．社会民主主義は，社会主義の理念に漸次的に接近しようとする点で，社会主義運動の本流の位置を占めてきた．しかし新自由主義の40年を経験した現在，福祉国家路線を基軸とした社会民主主義はもはや通用しなくなった．社会民主主義右派は福祉国家を存続させることを主張し，社会主義へと移行することには反対する．左派は福祉国家を漸進的に拡大し，最終的には社会主義にまで進むことを主張する．社会民主主義左派の路線こそが今日もっとも期待できる社会主義である．先進国は社会主義へと移行することによって，途上国における資本主義と民主主義の順調な発展を支援しなければならない．先進国の社会主義化は，途上国そして世界社会のためにも必要なのである．社会民主主義は，福祉国家資本主義を乗り越えて共産主義社会を指向することによって，社会主義の中に発展的に吸収される．

　最後に，本書のキーワードである社会主義，共産主義，マルクス主義の関係について説明しておこう．社会主義と共産主義はいずれも人々の社交や共同を尊重する思想であり，両者の間に本質的な相違はない．しかし本書では便宜的に両者を使い分けている．社会主義は三つの意味で用いられる．第一は，自由主義に対抗する思想・運動としての社会主義である．この意味の社会主義の中軸はマルクス主義であるが，空想的社会主義やリカード派社会主義も含まれる．第二は，ソ連型社会体制の指導原理としてのマルクス・レーニン主義または「共産主義」に対置された，西欧の社会民主主義である．ただし福祉国家資本主義に執着する社会民主主義右派は社会主義としての性格

は弱いが，ポスト資本主義社会を指向する社会民主主義左派は社会主義としての性格が強い．

第三は，マルクスが『ゴータ綱領批判』（MEW 19：15-32/15-32）で提示した共産主義社会の第一段階で，この場合はV・レーニンが『国家と革命』（［1917］1964）で用いた定義を参考にして「社会主義社会」と表現する[1]．したがって「共産主義社会」という場合，第一段階と高次段階を含む広義と，高次段階のみを意味する狭義に分かれる．広義は単に「共産主義社会」，狭義は「（狭義の）共産主義社会」と表す．また本書では（狭義の）共産主義社会をさらに前期と後期に分けている．これは社会主義社会と（狭義の）共産主義社会の区別とは異なるので，ご注意いただきたい．

ソ連・東欧・中国のような「社会主義」を自称した国家は，しばしば「既存社会主義」と呼ばれる．しかし本書は，資本主義の発展が不十分な段階で形成され，権威主義的国家と指令的統制経済を特徴とする自称「社会主義」国家は，社会主義の名に値しないと捉えるので，これらの体制を「ソ連型社会体制」と呼ぶ．

本書に掲載された論文の初出は次のとおりである．転載許可をいただいた出版機関にお礼申し上げる．

第1章 「社会民主主義の再生とマルクス主義」『専修経済学論集』第55巻第1号，2020年，1-17頁．
第2章 書き下ろし．
第3章 「人間本質としての労働と『資本論』における「労働日の短縮」」関係7学会合同企画『『21世紀におけるマルクス』報告集』第1巻，2017年，45-60頁．縮小版として，「人間本質としての労働と『資本論』における「労働日の短縮」」『季論21』40号，2018年，250-61頁．

第4章 「労働所有論と生産手段所有論」『専修経済学論集』第56巻第2号, 2021年, 85-98頁.

第5章 「マルクス主義の疎外国家論」『専修経済学論集』第54巻第1号, 2019年, 97-105頁.

第6章 書き下ろし.

第7章 書き下ろし.

注
1）ただし『国家と革命』の国家論・革命論は誤っていたと, 筆者は認識している.

目次

まえがき　1

第1章　社会民主主義の再生 ──────── 11

　1　はじめに　11
　2　マルクス主義と四つの論点　11
　3　福祉国家　16
　4　社会民主主義の分岐　21
　5　社会民主主義の再生とマルクス主義　24
　6　社会民主主義から社会主義へ　33

第2章　生産力の発展 ──────── 39

　1　はじめに　39
　2　生産力の概念　40
　3　生産量：P1　44
　4　自然制御能力：P3　48
　5　生産性：P2　50
　6　小括　55

第3章　労働の廃絶 ──────── 59

　1　マルクス主義的な労働観のアポリア　59
　2　社会発展論における労働と自由時間　61

3　疎外された労働　67

　　　4　『資本論』における「労働日の短縮」　70

　　　5　人間本質としての労働　74

　　　6　マルクス主義と労働　79

第4章　所有・労働・生産手段 ────────── 85

　　　1　問題の所在　85

　　　2　所有と労働の定義　86

　　　3　労働所有論：TL　89

　　　4　生産手段所有論：TOMP　94

　　　5　二つの理論の関係　100

第5章　疎外態としての国家 ──────────── 109

　　　1　問題の所在　109

　　　2　疎外国家論　112

　　　3　階級国家論　114

　　　4　アナーキズム　117

　　　5　自由主義国家論　118

　　　6　小括　121

第6章　グローバル化 ─────────────── 125

　　　1　反グローバル化運動　125

　　　2　社会主義への移行についてのマルクスの学説　127

　　　3　非資本主義的発展の道　130

　　　4　資本主義の発展としての社会主義　138

第7章　結論 ——————————————— **147**

参考文献　153

あとがき　167

事項索引　171

人名索引　173

第1章　社会民主主義の再生

1　はじめに

　社会民主主義者が推進した福祉国家は第二次世界大戦後,大きく発展した.これに対してマルクス主義者は福祉国家を資本主義の矛盾を隠蔽する体制として批判していた．しかし福祉国家は1970年代前半に危機を迎え，新自由主義からの攻撃を受ける．90年代後半以降，福祉国家は「第三の道」または社会民主主義の刷新を経て，再編されるに至る．そして現在，従来の福祉国家論の枠組みを超えた次元にまで踏み込んで，社会民主主義の再生を求める議論が登場してきた．この事態は社会民主主義とマルクス主義の関係について再考するべきことを迫っている．本章の目的は福祉国家を対象にして，マルクス主義の観点から社会民主主義の再生を評価することにある．

2　マルクス主義と四つの論点

　第二次世界大戦は国家にあらゆる権限を集中させ，国民が国家に総動員される体制をもたらした．戦後もこの体制は存続し，国家による経済・社会政策が国民の福祉を保障する福祉国家ができあがった．福祉国家は高度経済成長による豊富な財源を背景に社会保障を充実させた．体制としての資本主義にとっての課題は，ソ連・中国など「社会主義」を名乗るソ連型社会体制が

成立し，国内でも労働者階級が台頭するなかで，いかにして労働者を資本主義の体制内に同化させるかであった．そこで先進諸国のとくに社会民主主義政権は，労働条件と福祉制度を改善することによって，資本賃労働関係の維持に努めた．戦後も西側欧米諸国には帝国主義的な性格は残ったし，東西対立を反映してNATO（北大西洋条約機構）のような軍事同盟が結成された．また国際連合のように国際的な課題に取り組む機関も創設された．しかし全体としては，先進資本主義国は自国の経済成長と福利厚生の改善を最優先とする一国主義的な路線をとった．そこで以下では福祉国家に特徴的な四つの論点，すなわち経済成長・労働・国家・ナショナリズムについてのマルクス主義の姿勢を確認しておこう．

(1) 経済成長

K・マルクスが『資本論』第1部第48章「三位一体的定式」で提示した「必然性の国」と「自由の国」との対比は，次のように解釈できる．「必然性の国」では人間の欲望が拡大するが，それを満たす生産量も増大する．自然との物質代謝を合理的に規制し，「力の最小の消費」によってもっとも人間らしい条件のもとで物質代謝を行うというのは，生産量を生産要素投入量で割った生産性がいっそう増進することを示す．生産性と生産量がともに上昇するのだから，分母の生産要素投入量が増加することもありうる．これは資本主義社会の描写である．その先にあるのが「自由の国」である（MEW 25：828/1051）．そこでは物質代謝のための労働から解放され，人々は自由な活動を営む．そのためには生産量はどこかで一定にならねばならないはずである．すなわち人間性にふさわしい生産と消費の組み合わせが見つけられれば，「欲望の充足が休止を命ずる」のであり（MEW 25：269/324），生産量の増大は停止する．労働生産性は生産量と労働投入量の割合であるから，生産量が一定のもとで生産性が増大すれば，分母である労働量は減少していく．そ

して労働が廃止される時点において「自由の国」が可能になる．これがマルクスによる（狭義の）共産主義社会の構想である（MEW 19：21/21）[1]．

　福祉国家の財源は資本主義的な高度経済成長を前提にしていた．国民に文化的な生活水準を保障するためには，一定の経済水準を達成しなければならない．しかしマルクス主義者がめざす共産主義社会は，経済成長が停止した定常型社会である[2]．

（2）労働

　マルクス主義は労働を尊重する思想であると理解されてきた．たしかにマルクスの文言には，労働を人間にとって普遍的な行為であるかのように描写したものがある．そしてソ連・中国などのソ連型社会体制では「労働英雄」のように，労働に勤しむ者を讃える風潮があった．しかしソ連型社会体制の指導者はマルクス主義の労働観を誤解していた．マルクスが労働を尊重したのは，資本主義社会の生産関係の中では，労働者は労働することによってのみ生存が可能だからである．労働が生存にとって必要である以上，その労働をいかに人間的なものにするか，すなわち「労働の解放」が追求されたのである．そのために疎外のない労働が人間本質のように提示された[3]．

　しかし，それはあくまでも資本主義社会の中で通用する批判＝変革の方法である．（狭義の）共産主義社会では労働そのものを廃絶すること，すなわち「労働からの解放」こそが中心課題となる．マルクスは次のように労働の廃棄を訴えた．「プロレタリアたちは人としての値うちを獲得するために，彼ら自身の従来の生存条件──それは同時に従来の社会全体の生存条件でもある──，すなわち労働を廃めにしなければならない」（MEW 3：77/73）．ここでは「従来の社会全体の生存条件」たる労働が廃棄されねばならないとされている．従来は労働が物質代謝を通じて社会全体の存続を支えていた．しかし（狭義の）共産主義社会では自由な活動が物質代謝を担い，社会の存

続を支えるようになるから，労働は不要になる．

（3）国家

　ソ連型社会体制における国家の肥大化現象をもって，資本主義は国家の規模が小さく，社会主義はその逆であるとする理解がしばしば見られる．たしかにマルクスは，資本主義社会から共産主義社会にかけての過渡期の国家は「プロレタリアートの革命的独裁」（MEW 19：28/29）であると規定した．しかし，それは彼が積極的に国家の存在を肯定したからではない．私的所有と分業が存続して人々が分断され疎外された状況にあるならば，国家は消滅しない．しかもたとえ土台の次元で私的所有と分業を廃絶したとしても，上部構造の次元で国家はしばらく存続する．したがって資本主義から社会主義にかけての過渡期にかけては，国家の存在を前提にしたうえで社会変革を進めざるをえないのである．

　マルクスによる共産主義社会のそもそものモチーフは「国家そのものに対する……革命」（MEW 17：541/513）である．アナーキズムとマルクス主義の相違は，前者が国家の廃絶を直接的に進めようとしたのに対し，後者はいったん労働者階級が国家権力を奪取した後で国家を廃絶しようとした点にある．両者とも最終的に国家の廃絶をめざしていた点は共通であり，広義ではマルクス主義もアナーキズムの一種なのである．マルクスがプロレタリアートによる国家権力の獲得を認めたのは，国家が厳然と実在するからであり，ブルジョアジーが独占するよりもプロレタリアートが独占するほうがましだと考えたからである．しかし，いったんプロレタリアートが国家機構を独占したならば，それは不必要な機関として廃絶されるべきだと，彼は主張したのである[1]．

（4）ナショナリズム

 マルクスの史的唯物論によれば「大づかみにいって，アジア的，古代的，封建的および近代ブルジョア的生産様式が経済的社会構成のあいつぐ諸時期として表示されうる」（MEW 13：9/7）．そして共産主義社会は資本主義社会を経験したのちに初めて実現される．ところが社会の発展段階は国ごとによって異なるから，社会変革の課題も国ごとに異なる．ある国では資本主義が十分に成熟して社会主義への移行が課題になっているのに，ほかの国では資本主義の発展が不十分で，社会主義への移行はいまだ当面の課題にはなっていない状況がありうる．その場合は，前者の国は少なくとも当面は自国の範囲内で社会主義への接近を図ることになろう．プロレタリアートのブルジョアジーに対する闘争は，当初は「一国的」である（MEW 4：473/486）．マルクスの社会発展論からすれば，社会変革の課題は国ごとに異なるという意味で，ナショナリズムが採用される．

 しかし他方でマルクスは「資本の偉大な文明化作用」が世界的に拡大することは不可避であり（MEGA II 1（2）：322-23/2：17-19），それによって社会主義運動はインターナショナルな性格を有し，社会主義革命も世界的な規模になると考えていた（MEW 4：479/493）．世界の国・地域がグローバル化の中で連関を強くするほど，資本主義の発展段階の相違は小さくなり，いずれの地域も資本主義から社会主義へという経路を辿る．社会主義の最終目標は，グローバルな次元で成立するコスモポリタンな共産主義社会である．

（5）まとめ

 このようにマルクス主義は，以上の四つの論点それぞれについて二面的に捉える．それはマルクス主義が史的唯物論に立脚するからである．史的唯物論によれば，生産関係の発展段階は生産力の水準に規定され，さらに上部構造は生産関係の発展段階に規定される．資本主義の形成期には，生産力の発

展を促進する要因として経済成長と労働の投入が促進され,それに応じた生産関係と上部構造として,国民経済の発展と国家の拡大が推進される.資本主義の成熟期には逆に,生産性としての生産力の拡大は,定常経済のもとでの労働力をはじめとする生産要素の減少となる.国家の経済的役割は縮小し,資本が独力でグローバルに活動するようになる.マルクス主義者が四つの論点について二面的に捉えるのは,このように史的唯物論に基づく社会発展論のゆえである[5].

3 福祉国家

第一次世界大戦前の社会民主主義者は,生産手段を社会的所有にした共産主義社会の実現という目的をマルクス主義者と共有しながらも,暴力革命によって国家権力を労働者階級が独占するプロレタリア独裁を採用しなかった.社会民主主義政党は議会選挙で多数派となって政権を獲得し,政策面での改良を重ねる漸進主義によって共産主義社会を実現しようとした.ここで注意しておきたいのは,第一次世界大戦前における社会民主主義者とマルクス主義者の相違は,共産主義社会を実現する方法が改良か革命かという点にあり,共産主義社会の実現という目的は共有していたことである[6].第一次世界大戦が始まると,第二インターナショナルに結集していた西欧の社会民主主義政党が挙国一致で参戦する方針をとったのに対し,V・レーニンはこれを帝国主義に加担する行為であり,マルクス主義からの逸脱であると非難して第三インターナショナルを結成した.第二次世界大戦後,社会民主主義政党は政権を獲得し,資本主義のもとでケインズ主義的な経済政策と,課税と再分配による社会政策を採用して福祉国家の構築に努めた.東西冷戦という政治状況と先進資本主義国における高度経済成長を背景にして,福祉国家は国民から支持を得ることができた.しかし福祉国家の形成によって社会民

主主義者は，共産主義社会の実現という目的を忘却し，さらには放棄してしまった．

マルクス学派の小谷（1966）は，社会民主主義者が推進した福祉国家を次のように批判した．「福祉国家は，現代資本主義，とりわけ，国家独占資本主義の粉飾形態，えせ民主主義形態である」(258)．マルクス主義者によれば，戦後の資本主義は国家独占資本主義の段階にあり，福祉国家論は資本主義のもとで労働者階級に十分な福祉が保障されるかのような幻想を与える謬論であった．福祉国家に対するマルクス主義者の否定的評価は，国家は階級支配の道具であるという命題に立脚していた．資本主義社会であるかぎり，たとえ社会民主主義者が政権を担ったとしても，その国家は資本家階級の利益に沿うような経済・社会政策を実行するのであって，経済格差が縮小して労働者階級の福祉が改善されることはありえない．

ところが福祉国家が定着した時点に発行された，前掲書の第二版である小谷（1977）の福祉国家への評価は，次のように変化する．「現代福祉国家が労働者階級を中心とする民主勢力の攻勢にたいする」支配階級の「たんなる譲歩から体制の主体としての独占資本の支配と搾取と収奪にたいする規制に転ずるとき，その転化の度合におうじて」，「人民大衆の上に立つ，真の民主主義を志向する，言葉の真の意味での福祉国家への展望が，漸次開けはじめるであろう」(209)．マルクス主義者は福祉国家が実現した積極的な成果を認め，それを肯定的に評価するようになった．つまり社会民主主義者とマルクス主義者の福祉国家に対する評価の相違はなくなったのである．上述の四つの論点についてこのことを確認しよう．

（１）経済成長

社会民主主義者は高度経済成長によってこそ福祉国家は可能になると考えた[7]．実際，福祉国家はケインズ主義的な有効需要創出政策をとり，安定的

な経済成長を追求した．これによって福祉国家は豊富な財源をもとに社会保障を充実させることができた．第二次世界大戦で疲弊した国土を復興させ，国民に最低限度の生活を保障する国民所得を確保することは，西側先進諸国のみならず東側の共産圏にとっても共通の課題であった．それがゆえに東西両陣営は経済成長の度合いをめぐって競争を繰り広げたのである．西側の福祉国家は高度経済成長の達成によって労働者の福祉を増進することに成功した．マルクス主義者が福祉国家を批判した理由は，資本主義であるかぎり経済成長は不可能であるという点にあった．社会民主主義者よりもマルクス主義者のほうが，国民所得の分配についてより資本に厳しい態度をとることはあったが，社会民主主義者もマルクス主義者も労働者・国民の福祉を増進するための経済成長を追求する点では，同じ姿勢をとっていた．

（２）労働

　資本主義体制を前提にするならば，社会民主主義政権は働くことができてそれを望む者すべてに雇用の機会を保障しなければならない．上述の経済成長というマクロ経済的な観点からしても，生産拡大のための労働力供給は重要な条件であった．労働力が持続的に供給されるためには，労働者の労働・生活条件を一定水準に安定させることが必要であった．福祉国家は各種の労働立法や社会保障制度を通じて，労働力という生産要素の提供者たる労働者の待遇改善に努めた．さらには労働者が資本主義体制に同調するならば労働組合の設立を許可し，団体交渉制度などを整えて彼らの発言権を一定の範囲内で容認したのである．

　これらの政策はすべて資本賃労働関係という資本主義の前提の確保を主眼としていた．マルクス主義者は当然のことながら資本主義体制の廃絶をめざしていた．しかし資本主義体制が当面は存続するかぎり，この体制の枠内で労働条件と福利厚生の改善を追求することは，彼らにとっても重要課題であっ

た．マルクス主義者が資本蓄積を脅かすほどの要求を突きつけたのに対し，社会民主主義者が資本の利益に抵触しない範囲に要求を抑えたという差異はあるにしても，労働者を擁護するという点では両者の間に大きな相違はなかった．

（3）国家

　福祉国家においては資本にとっても労働にとっても国家が大きな役割を果たしていた．資本は国家による経済政策を通じて自己に有利な資本蓄積を進め，財政・金融政策を通じて恐慌を緩和しようとした．労働の側も自らの代表を議会に送り，ときには政権を獲得し，自らに有利な労働立法・社会保障の制度を推進した．とくに北欧の福祉国家では，政府・資本・労働の代表が協議のうえで経済・社会政策を進めるコーポラティズムという運営手法がとられた．これは国家のトップレベルで重要事項を決定・遂行する，国家を中心とした体制であった．福祉国家において国家の役割が大きいこと自体は，マルクス主義者も問題にしなかった．なぜなら彼らも少なくとも資本主義社会から共産主義社会にかけての過渡期においては，労働者階級が国家権力を握り，国家機構を通じた経済・社会政策をとることを明言していたからである．

　マルクス主義者が福祉国家における国家権力の増大を批判したのは，それがあくまで資本の利益を代表する国家であったからであり，国家それ自体が大きくなることを批判したわけではなかった．このように社会民主主義者もマルクス主義者も，労働者・国民の生活向上のために国家機構を最大限に活用するという点では姿勢を同じくしていた．

（4）ナショナリズム

　歴史的には社会民主主義は自国民の利益を最優先する立場をとってきた．

第一次世界大戦における社会民主主義者とマルクス主義者の対立は，戦争をめぐる態度で決定的となった．社会民主主義者はプロレタリア国際主義を放棄し，資本家階級とともにナショナリズムを推進した．その後，第二次世界大戦が終わるまで，西欧の社会民主主義政党は自らが政権についた場合でも帝国主義的な路線をとり，国内では労働者階級を総動員する代償として，彼らに市民権を保障し体制内に統合していった．

　この路線が第二次世界大戦後も福祉国家へと引き継がれていく．両大戦期には社会民主主義政党は自国の帝国主義政策に同調し，冷戦期にはNATOに協力した．冷戦後でさえ社会民主主義政党は，T・ブレアの労働党のようにG・W・ブッシュ政権のイラク戦争を援護するなど，グローバルな平和秩序の形成に背を向けてきた．この経歴からすれば，社会民主主義が民主的なグローバリズムを受容することは相当に難しい．戦後の国際社会では先進国と途上国の間の格差は南北問題という形で残存する．先進国は福祉国家の建設に邁進したが，そこでしばしば政権を担った社会民主主義政権は，やはり途上国人民の生活改善には無関心であった．

　ロシア革命後，J・スターリン（［1924］1953b）が「一国における社会主義の勝利」(387/387)は可能であると断言したことは，世界の共産党がナショナリズムをとる一因となった．先進国の共産党は，1960年代に独立した南側諸国の動向に社会民主主義政党よりは敏感であった．ただし，それはこれらの国々がソ連型社会体制を構築する路線をとり，東西冷戦の中で東側に与していたからであり，多分に政治力学的な意味合いが強かった．従属理論のように理論レベルでは，資本主義の世界的連関を重視する動きもあったが，それが先進国のマルクス主義者の政策に反映されることは少なかった．社会民主主義者もマルクス主義者も自国民の福利厚生の改善を最優先課題として取り組んできたのである．

（5）まとめ

　マルクス主義者は福祉国家を当初は批判したが，経済成長・労働・国家・ナショナリズムのいずれの面においても福祉国家を結果的には擁護した．これはマルクス主義者が態度を変化させたようにも見えるが，第二節で見たようにマルクス主義の史的唯物論の観点からすれば当然であった．すなわち福祉国家が資本主義を前提とするのだから，資本主義の発展に応じた政策を彼らも採用したのである．社会民主主義者とマルクス主義者は第一次世界大戦前，改良か革命かをめぐって論争した．しかし福祉国家が高度経済成長のもとで安定的な発展を遂げている以上，マルクス主義者も資本主義の中での改良を事実上は受け入れたのである．

　1980年代末からのソ連・東欧における国家体制の崩壊は，西側の共産党をはじめとするマルクス主義者を動揺させた．1991年にはイタリア共産党が社会民主主義を標榜する左翼民主党に転換し，そのほかの国の共産主義勢力も急速に力を失っていった．80年代初頭から台頭してきた新自由主義はさらに勢いを増し，グローバル化の波に乗って世界中に拡大した．こうした情勢の中でマルクス主義者は福祉国家を擁護する姿勢をいっそう強めた．

4　社会民主主義の分岐

　1990年代以降，社会民主主義は三つの潮流に分岐していった．

（1）「第三の道」

　1990年代末からイギリス労働党のブレア政権は「第三の道」を推進した．かつてはマルクス学派だった，もしくはそれに近い位置にいた研究者からも「第三の道」を推奨する者が現れた．A・ギデンズ（1988）のいう「第三の道」は，平等と連帯という社会主義理念を市場経済の積極的利用によって達

成しようとした．しかし当然ながら A・カリニコス（2001）のようにマルクス主義者の多くは，「第三の道」を徹底的に批判した．マルクス主義者からすれば「第三の道」は，資本主義経済の領域を拡大しようとする点で，新自由主義の一種にすぎない．社会民主主義政権が社会保障を削減する緊縮財政路線をとったことによって，スペインのポデモス（Podemos）やギリシアのシリザ（SYRIZA）のように，社会民主主義政党とは一線を画す急進左派が登場した[8]．

（2）福祉国家の維持

福祉国家の危機と「第三の道」を経て，社会民主主義者の中には福祉国家を維持する路線に復帰するべきであるという意見が増えつつある．しかもマルクス主義者の中にも福祉国家資本主義を定着させるべきであるとする論者が現れた[9]．彼らによれば，福祉国家は階級闘争を通じて脱商品化を進展させたのであり，「第三の道」を経た今，必要なことは福祉国家を維持させ，社会民主主義を継続することである．C・ピアソン（1991）は次のように主張する．「問われるべき『真の』問題は，……予測可能な近い将来において，われわれが福祉国家を維持しているのか（あるいは，それがどのくらい費用を要するのか）という問題ではなく，むしろ，どのような種類の福祉国家体制（レジーム）を実現していくべきかという問題であろう」(216/402)．しかし筆者の観点からすると，単に福祉国家資本主義を持続させるだけならば，それは従来の社会民主主義路線の焼き直しにすぎない．よってこの路線はマルクス主義者の選択肢とはならない．

戦後の福祉国家は，北欧諸国からアメリカまでを含む幅広い概念であった．それがゆえにこれらをひとまとめにしてその階級的性格を論じることには無理があった．G・エスピン＝アンデルセン（1990）による「三つの福祉レジーム」論は，福祉国家を類型化することによって詳細な分析を可能にした．し

かしその反面，彼に始まる比較国家分析の手法は，マルクス主義の特質をなしていた社会発展論的視角を後退させることになった[10]．たとえばレギュラシオン理論は資本・賃労働関係を重視する点ではマルクス主義的であるが（Boyer 1987），「三層論理の積みかさね式方法論」を批判し，社会発展論的視角そのものを放棄してしまった（山田 1991, 38）．その結果，この学派はアオキ（2001）の比較制度分析も取り込みつつ，資本主義から社会主義へという展望を放棄して「資本主義の多様性」論に帰着した（山田 2008）．これは共産主義社会の実現という目標を失った旧来の社会民主主義への後退である．

（3）社会民主主義の再生

　社会民主主義者の中には「第三の道」ないし新自由主義への傾斜を反省し，それを再生しようとする論者が現れてきた．新自由主義を痛烈に批判してきたF・ブロック（2011）は，「21世紀に向けた社会民主主義の再生」と題した論文で，次のように「第三の道」を総括する．「社会民主主義の政治は下からの組織化と活性化を強化せねば，根本的な改革を成し遂げることはできない．『第三の道』を提唱する昨今の人々は下からの活性化には背を向けてきたので，現状をほんのわずかに変更することしかできなかった」(12)．

　T・フィッツパトリック（2003）も『新しい社会民主主義の後に』と題した著書において，次のように社会民主主義の再生を展望する．「社会民主主義の再生とは，新しい社会民主主義という誘惑に抵抗し，保守主義と対峙して，（今日の主流派が要請するような）幸運な者にとってより豊かな経済ではなく，万人にとって善き社会を創造するという200年来のプロジェクトを復活させることなのである」（6）．ここでの「新しい社会民主主義」は「第三の道」を意味する．

　社会民主主義の再生論は福祉国家をめぐる上述の四つの論点について，次

のような転換を図っている．第一に，福祉国家の基盤は戦後の高度経済成長にあったが，それは1970年代以降の低成長と環境問題の発生によってなくなってしまった．いまや社会民主主義は定常型社会を推進しなければならない．第二に，生産力が高度に発展した結果，全労働者に雇用を提供することは不可能になりつつある．社会民主主義は今後，労働と福祉の分離に基づくポスト生産主義を追求するべきである．第三に，福祉国家では国家が肥大化し，国民の自由な活動が圧迫されるという批判がなされてきた．そこで福祉を国家ではなくて市民のアソシエーションが担う福祉社会が求められる．第四に，福祉国家は国民国家の枠組みを前提としてきた．しかしグローバル化が進展する現在では，多国籍企業の活動や移民・難民問題について，国民国家では対応できなくなってきた．今後求められるのは国民国家を超えたコスモポリタニズムである．

5　社会民主主義の再生とマルクス主義

ではマルクス主義者は社会民主主義の再生をどう評価するべきか．四つの論点それぞれについて，社会民主主義の新しい動向とそれをマルクス主義者はどう評価するべきかをみていこう．

（1）定常型社会

戦後に福祉国家が繁栄した基礎は高度経済成長にあったが，それは1970年代以降の低成長と環境問題の発生によってなくなってしまった[11]．福祉国家の危機の最大要因は，低成長への移行によって政府の税収が縮小し，他方で不可逆的に増大する社会保障費に対応できなくなったことにある．21世紀に入り脱工業化の中で，資本主義はゼロ成長へと移行しつつある．ブロック（2011）は成長経済の終焉を事実としてうけとめるだけでなく，むしろかつ

てJ・S・ミル（[1848] 1970）が唱えた定常状態論のように，それを望ましい状態として歓迎する．「初期の社会民主主義モデルは量的成長を強調し，1960年代以降，質的成長を重視する市民とその運動によって激しく非難された．ここでもまた社会民主主義は適応し，質的成長の方向へと舵を切った」(14)．

　従来の社会民主主義はGDP（国内総生産）の増大に代表されるような量的な成長を追求してきた．しかし，この路線はすでに1960年代から環境を保護し，生活の質を改善するべきであるというエコロジズムによって批判にさらされてきた．フィッツパトリック（2003）は質的な成長を追求するべきだと主張する．「もちろん生産主義者は，生産力はそれ自体が目的では決してないのであって，人間の福祉を改善するために追求されるのだと主張するであろう．ポスト生産主義者は，この理想は（かつては支配的であったとしても）もはや通用しないし，われわれが享受を許されている福祉は，それが最終的に依拠する経済的な範囲に限定されると応える」(99)．フィッツパトリックによれば，もはや経済成長は今日の社会では必要ではない．資源や環境による制約と消費性向の低下を前提にすれば，われわれが享受できる量的な経済厚生は限定されたものになる[12]．

　ところでソ連型社会体制は西側資本主義諸国と経済競争をかつて演じた．両体制間の優劣はいかに高い経済成長率を達成するかが基準であった．そしてソ連が経済停滞に陥ったことをもって，資本主義が社会主義との競争に最終的に勝利したとしばしばうけとめられている．たしかにJ・コルナイ（1980）が指摘したように，社会主義は生産を増大させる誘因が資本主義ほど働かず，不足の経済になる傾向がある．逆に資本主義は大量生産・大量消費・大量廃棄の経済になりやすい．先進資本主義国では基本的な耐久消費財が飽和状態となり，消費性向は低下してきた．また資源・環境制約という状況からしても，もはや高度経済成長は必要とされなくなった．だとすれば，

むしろ経済成長率の低い社会主義経済のほうが先進国には適切であるという結論がえられる．すなわち新しい福祉国家は定常型社会をめざさねばならないのである．マルクス主義者がめざす共産主義社会は，経済成長ではなく定常経済に基づく社会であった．とすれば再生された社会民主主義の方向性はマルクス主義と合致する．

（2）労働と福祉の分離

　社会民主主義はそもそも労働者と労働組合を基盤としてきた．イギリスの社会民主主義政党が労働党と名乗っていることは象徴的である．今日の福祉国家においては経済成長のためにより多くの労働が必要であり，「仕事がなければ，福祉はない」という生産主義が根強い．R・グッディン（2001）はこの状況を次のように描写する．「社会民主主義のスローガンは『福祉と仕事』である．社会民主主義レジームのもとでは福祉給付は市民の権利として扱われる．しかし，それに応じて市民には特別な理由がなくて可能であるかぎり，生産的な貢献をなす責任があり，社会民主主義政府は市民がそのようにふるまうのを援助するために『積極的労働市場政策』を採用する」(13)．

　ところが自律型ロボットやAI（人工知能）の出現は労働生産性を飛躍的に高め，ついには人間の労働を不要とする次元にまで到達しつつある．そこで「仕事なしの福祉」を提唱するポスト生産主義の潮流が台頭してきた．生産力が高度に発展した結果，全国民に雇用を提供することは不可能になる．今後，労働と福祉の切り離しに基づくポスト生産主義を追求するべきであると論じる社会民主主義者もいる．グッディンはポスト生産主義を次のように特徴づける．「もう一つのさまざまな『ポスト生産主義』モデルは労働と福祉に対して根本的に異なる態度をとる．そのスローガンは（ほかのスローガンと同じく誇張した言い方をすれば）『仕事なしの福祉』となるだろう」(14)．ポスト生産主義者は人々に福祉の権利があるからといって労働を強制するこ

とはない.

　現在，ヨーロッパで着目されているベーシック・インカムは,「資力調査や就労義務を課さずに，すべての者に個人単位で無条件に与えられる所得」(Basic Income Earth Network n. d.) である.「働かざる者食うべからず」という資本主義社会の通念に挑戦するベーシック・インカムは，労働と福祉を切り離す社会政策であり，すべての者に必要原理を適用しようとする点で共産主義的である．しかし主唱者のP・ヴァン・パレース（1995）が強調するように，それは資本主義のもとで実行可能な政策であるから，社会民主主義的な福祉国家の枠内に属する．労働と福祉の完全な分離は，共産主義社会における生産手段の社会的所有によって初めて可能になる．とはいえベーシック・インカムがめざす労働と福祉の分離は，労働の廃止という社会主義の目標に沿う.

（3）国家の縮小

　福祉国家では国家の機能と権限が肥大化して国民の福祉に対する主体的関与を圧迫する傾向がある．そこで福祉国家を下から支える福祉社会を強化しなければならない．このような論点はすでに早い時期からG・ミュルダール（1960）やW・ロブソン（1976）によって提起されてきた[13]．ほとんどの社会民主主義者はこの提起に対してただちに反応せず，国家の肥大化や官僚主義的硬直化の問題を放置していた[14]．新自由主義者はこの問題を取り上げて反福祉国家キャンペーンを張り,国民の一定の支持を得た．彼らは国家が担ってきた社会保障や教育の予算を縮小し，その機能を市場に移譲した．これに対して「第三の道」をとった社会民主主義者は，国家の縮小を新自由主義者が行ったのと同様に市場機能の拡大という形で実行した．その政策は結局，多国籍企業と金融資本の活動の自由を許容し，格差社会をもたらした．このような帰結を反省し，社会民主主義の再生を唱える論者から，市場機能の拡

大に依拠しない形態での国家の縮小が提案されてきた[15]．

　ポリシー・ネットワークは進歩的な国際シンクタンクであり，社会民主主義の将来について提言を発している．そのメンバーであるO・クラムとP・ダイアモンド（2012）は，社会民主主義における国家に依拠した従来の政策運営の限界を指摘する．「社会民主主義は歴史的に国家権力に依拠してきた．しかし，われわれが経験している今日の危機のもとでは，この手法はいっそう不適切になりつつある．国家の規模と複雑性のゆえに誰が決定し誰が責任を取るべきかを市民が理解するのが，ますます困難になっている」(253)．

　イギリス労働党の党内グループであるコンパス（Compass）は，平等で持続可能なかつ民主的な善き社会を推進する．その議長を務めるN・ローソン（2018）は新しい統治スタイルを次のように説明する．「21世紀の新たな統治原則は協働行動の原則である．国家は今日登場しつつあるネットワーク化された世界において依然として重要だが，それは善き社会をもたらすという役割のゆえではない．ネットワークの結び目となるわれわれ市民が自分たち自身の善き社会を築くことを可能にするのは，資源・空間・法律・規制であり，国家が重要なのはそれらを利用可能にするという役割のゆえである．このことが意味するのは，代議制民主主義という古いシステムを単に変革することではなく，政治・職場・公共サービス・コミュニティの中で審議的で直接的な民主主義を尊重することである」．

　今日，市民がネットワークによって横断的な連携をもちうる可能性が大きくなりつつある．国家は少なくとも当面は存続するであろうが，その役割は福祉国家のように国家が直接的に国民に福祉や便益を提供することではない．市民がネットワークを通じて横のつながりを拡大するうえで，さまざまな有形無形のインフラストラクチャが必要となる．市民が必要なときにそれらを提供するのが国家の新たな役割であり，従来の福祉国家に比べれば国家の役割は大いに縮小される[16]．

日本で市民社会民主主義を唱える山口・宮本・小川（2005）も，公共サービスを市民が積極的に運用するシステムを提案する．「ここで重要になるのは，市民社会民主主義のもう一つの側面，すなわち市民社会次元での民主主義（市民社会の民主主義）という側面である．市民社会次元での民主主義とは，議会制デモクラシーを補完しつつ，とくに公共サービスの供給体制について市民社会に多様な参加と影響力行使の回路を張り巡らせていくことを指す」(14)[17]．

　社会民主主義がマルクス主義と袂を分かった原因の一つは，議会制民主主義の位置づけにあった．労働者の民主主義的な社会変革運動をブルジョアジーが暴力的に弾圧したために，マルクス主義者はそれに対抗するため暴力革命によって政権を奪取しようとした．これに対して社会民主主義者は労働者の代表が議会において多数派を占めることによって社会改良を重ねていく路線をとった．今日の先進資本主義国においても資本家階級は選挙において，買収や情報操作によって議会を独占しようとする．しかし普通選挙権の定着のもとで労働者の代表が議会で多数派を占める可能性は大きいし，実際に左派が政権を握る実績も積み重ねられてきた．したがって少なくとも先進国では議会制民主主義の追求は，社会民主主義とマルクス主義の共通の目標になりうる．ただし社会民主主義者が民主主義の範囲を議会制度のみに限定するならば，その範囲をより広く捉えるマルクス主義者と立場が異なってくる．

　近年，欧米ではポピュリズムが台頭している[18]．社会民主主義政党が政権を握る国も例外ではない．ポピュリズムを支持するのは既存の集団に属さない人々であり，コーポラティズム的な政治から取り残された人々である．社会民主主義政党が議会政治に没頭するあまり，これら弱者の声を汲み取れなかったことが，ポピュリズム台頭の一つの要因である．これに対しマルクス主義者は，労働組合を基盤としつつも，エコロジー・エスニシティ・ジェンダーなど多様な課題へと大衆運動の枠組みを広げてきた．この路線はマルク

ス主義者が議会制民主主義を従来以上に重視したとしても，維持されることになろう．したがって社会民主主義の再生のためには，従来の議会制民主主義に加えて，マルクス主義者と同様に大衆運動にも力を注がねばならないのである．

　第二次世界大戦前後，ソ連型社会体制の指導者は，国家独占資本主義をもって資本主義の最高の発展段階だと捉え，社会主義革命の使命は「管制高地」（Lenin［1922］1966, 585/691）たる重要産業の国有化だと考えた．しかし現時点から振り返れば国家独占資本主義とは，資本が国家の介入ぬきには資本蓄積を実行できない未成熟な資本主義であったと規定できる．今日の新自由主義のもとでは，国家の枠組みを乗り越えてグローバルに運動する多国籍企業が主役である．この新自由主義的な資本主義こそが最高の発展段階である．よって現代のマルクス主義者の課題は，巨大企業を当初はいったん国有化したとしても，そこに止まらずに市民による民主的な経営に委ねることである．現在，国家を媒介しない福祉社会を実現する可能性は高まっている[19]．

　社会民主主義の再生における市民社会の活性化という議論では，市民社会が国家権力をもたらすという，自由主義者とマルクス主義者が洞察した側面が看過されている．市民社会論はその点で限界がある[20]．とはいえ市民社会において国家の役割が小さくなっていけば，やがて市民社会そのものの止揚に行きつくのであり，この方向性においては社会民主主義とマルクス主義は提携可能である．

（4）コスモポリタン社会

　社会民主主義者の中には，福祉を人々に普遍的に支給する仕組みを，国民国家の枠内に止まらずに世界大に拡張しようとする論者が登場した．マルクス研究から出発したR・ミラーは，ロールズ正義論（Rawls［1971］1999）の検討を通じて社会民主主義を評価するに至る．そして近年台頭しつつある

国際連帯の運動とその理論的反映としての国際正義の運動を「グローバル社会民主主義」と呼ぶ．伝統的な社会民主主義は資本主義国内部で生じる貧困と格差を是正することを追求してきた．なぜなら一つの国家の内部では資本主義経済が一部の者に富をもたらし，ほかの大多数には貧困をもたらす因果関係が明確であり，それゆえに前者には後者の人々を救済する道徳的義務が生じるからである．グローバル化によって先進国と途上国の間の経済的相互関係が不可分になった今，途上国における貧困を除去することは，先進国の人々の道徳的義務となった．ここに国際正義の運動とグローバル社会民主主義が要請される客観的根拠がある（Miller 2010, chap. 1 and 9）[21]．

より早くから「グローバル社会民主主義」を提唱してきたのはD・ヘルド（2004）である．彼のいう「新しいグローバル盟約」の「指針となる倫理原則」は，「平等な道徳的価値，平等な自由，平等な政治的地位，政治問題に関する集団的決定作成，焦眉の要請の改善，万人の成長，環境の維持」であり，「制度的目標」は「法の支配，政治的平等，民主政治，グローバルな社会正義，社会連帯とコミュニティ，経済効率，グローバルな環境バランス」である（164/215）．経済政策においては，グローバル市場の規制や管理が挙げられていることからして，ヘルドが新自由主義的なグローバル化に反対していることがわかる．しかし，それは途上国や最貧国に不利にならない形での資本主義の健全な発展を追求する点で，決して反資本主義ではなく，あくまで社会民主主義の国際版なのである．

社会民主主義はこれまで　国の枠内で平等と互恵の精神に基づいて福祉国家を築いてきた．ミラ　とヘルドの議論はそれを国際社会に拡大していこうという主張である．この試みはまさに社会民主主義の一国主義的傾向を克服しようとする点で，その再生と呼ぶにふさわしい．社会民主主義がナショナリズムの枠を超えてグローバルな次元に拡大しようとする背景には，ナショナリズムでは福祉国家の維持が困難になったという理由がある．すなわち経

済のグローバル化が進むなかで多国籍企業は自由に世界を動き回るようになる．社会民主主義的な政権が企業に重い法人税を課そうとすると，資本はタックス・ヘイブンのような手段を使って租税を回避し，さらには工場を他国へ移転させる．それゆえ政府は多国籍企業の言い分を渋々受け入れてそれらに有利な減税政策をとり，財政的には緊縮政策をとることになってしまう．そこでトービン税のようなグローバル税制を制定する必要に迫られたのである．そのほか移民・難民問題，自然環境問題のいずれをとっても一国内では解決できない問題ばかりである．グローバル化の進展は，社会民主主義者に従来のナショナリズム的な路線を修正することを余儀なくさせている[22]．

もし先進国が従来どおり資本主義を維持しつづけるなら，グローバル社会民主主義の形成は難しいだろう．なぜなら資本主義経済を前提とするかぎり，先進国政府は圧倒的な力を持つ多国籍企業の利益を優先せざるをえないからである．ヘルドの唱えるようなグローバル盟約は各国の代表によって国際機関を通じて制定・遂行されるが，結局は資本の利益を代弁する申し合わせに止まらざるをえない．たとえば1999年のG8（先進国首脳会議）の顔ぶれには，B・クリントン，ブレア，G・シュレーダー，M・ダレマが含まれていたが，国際次元での社会民主主義的な政策は見られなかった．たしかにEU（欧州連合）の次元では1985年に欧州委員会委員長に就任したJ・ドロール主導のもと，「社会的ヨーロッパ」が推進された時期があったが，その後の新自由主義的グローバル化や新興国の台頭によって後退を余儀なくされた[23]．

福祉国家が最盛を極めた高度経済成長期にあっては，豊富な財源を背景にして資本と労働が協調する余地があった．しかし資本間の競争がグローバル化した今日，資本と労働が妥協しうる条件はなくなった．社会民主主義政権が労働の側に立つならば，資本に同調する姿勢を放棄せざるをえない．グローバル資本主義の時代において多国籍企業の自由な資本移動を規制するには，先進国が資本主義を放棄して社会主義へ移行する必要がある[24]．しかも本章

で見てきたように，先進資本主義国には資本主義を超えて社会主義へと向かうことを可能にする客観的状況が生まれつつある．先進諸国が資本主義を前提とする社会民主主義を超えて社会主義への道を実際に歩みだすならば，グローバルな次元では社会民主主義の形成が現実的な課題となるであろう．

マルクスは，資本主義が世界市場を形成することが，社会主義が世界に拡大することにとっての必要条件だと考えていた．冷戦崩壊後の新自由主義主導による資本主義的グローバル化は，マルクスが考えた世界次元での共産主義社会の必要条件を作り出した．多国籍企業は世界を一つの国家とみなしており，超国家的な資本家階級を生み出す．この動きに対抗して超国家的な労働組合も誕生しつつある[25]．このようにグローバルな次元での社会主義の必要条件は徐々に形成されている．しかし先進国が社会民主主義の段階を経てから社会主義に進むことが期待されるように，国際的次元でも発展途上国がまず社会民主主義を経験することが必要である．なぜなら先進国では社会主義への移行が可能になったとしても，途上国はいまだ資本主義的経済発展の段階にあり，しかも国際貿易は市場経済を介さざるをえないからである．つまり社会民主主義は一国次元でその効力を失うことによって，逆説的ではあるが国際的次元でその必要性に迫られることになる．大局的にみれば，社会民主主義の中にコスモポリタン社会を追求する動きが出てきていることは，それが社会主義に接近していることを意味する．

6　社会民主主義から社会主義へ

本章ではまず福祉国家をめぐる四つの論点，すなわち経済成長・労働・国家・ナショナリズムをめぐって，マルクス主義の立場を確認した．四つの論点について，資本主義の形成期においては，それらの積極的役割が承認されるが，資本主義社会の成熟期から共産主義社会にかけては，それらの役割は

小さくなり，定常型社会，労働からの解放，国家の縮小，コスモポリタニズムが推進される．マルクス主義によるこのような二面的姿勢は，史的唯物論の社会発展的な視角に基づく．

　社会民主主義者は第二次世界大戦後，議会で多数派となり政権を獲得して福祉国家を推進した．彼らは当初，共産主義社会の実現という目的をマルクス主義者と共有していたが，この目的を放棄してしまった．マルクス主義者は初めは福祉国家を批判したが，事実上はそれを擁護した．マルクス主義者が立脚する史的唯物論からすれば，資本主義の形成期と成熟期で福祉国家に対する態度が異なるのは当然であった．福祉国家の維持という点では，社会民主主義者とマルクス主義の間に大きな相違はなかった．しかし新自由主義の隆盛と失敗を経た今日，社会民主主義派のなかから「第三の道」を反省し，上記の四つの点で社会民主主義を抜本的に再生させようとする潮流が登場してきた．それは再び共産主義社会の実現という目的をめざしはじめた．社会民主主義者が福祉国家を再建したうえで社会主義へという方向性をめざすのであれば，マルクス主義と提携する可能性が生まれる[26]．

　社会民主主義が資本主義の枠内で社会主義に近づくためには，次のような政策が考えられる．第一は，福祉国家における課税と（事後的）再分配の仕組みをいっそう強化することである．具体的には法人税・所得税・相続税の累進性を抜本的に強化し，かつ富裕税を導入することと，市民生活と社会保障への配分を高めることである．第二は，ベーシック・インカムや財産所有民主主義のような事前的分配の比重を高め，経済的格差を縮小して平等主義を推進することである．第三は，大企業をいったん国有化し，そのうえで国家官僚主導から市民のアソシエーションによる民主的な管理に移行することである．第四は，企業経営の民主化である．労働者が経営に参加する方法や，労働者が株主となって経営の主導権も掌握する方法がありうる．国有企業にしても民間企業にしてもステークホルダーの監視と参加を高めることが重要

第 1 章　社会民主主義の再生

である．これらの政策を通じて本章で見てきた四つの論点，すなわち定常型社会，労働と福祉の分離，国家の縮小，コスモポリタン社会の面で，社会主義に接近することができる．これらの政策は現在の福祉国家より進歩的であるが，資本主義の枠内の改革であり社会民主主義者の課題になりうる．

　マルクス主義者にとっては，これらの改革は資本・賃労働関係を完全に廃絶するわけではないが，平等化と民主的参加の度合いを高めることによって，資本主義を廃止して社会主義へと進むための条件を整備することができる．もしこれらの政策が実現した場合，社会民主主義者の中にはこれらで十分であって，それ以上の改革は不要であると主張する者も現れるだろう．マルクス主義者は当然，さらに生産手段の社会的所有を中核とする社会主義へ接近する政策を提起するだろうから，両者の間で意見の対立が生じるかもしれない．それはその時点で市民による徹底した討論を通じて解決すればよい．したがって社会民主主義の再生は社会民主主義者とマルクス主義者の共通の目標なのである[27]．

注
1) マルクスの「必然性の国」は，社会主義社会から（狭義の）共産主義社会の前期までを含んでいた．しかし今日の環境危機の状況からすれば，それは資本主義社会までに限定されるべきであると筆者は考える．
2) マルクスの史的唯物論は生産力の無限の発展を追求する生産力主義に立脚するという批判が，これまでいくどとなく繰り返されてきた．しかし今日の研究では，マルクスとエコロジーの親和性が見出されている．たとえば Foster (2000)，斎藤 (2019) を参照．
3) このことは資本主義社会において「労働からの解放」の課題を棚上げにするべきだという主張を意味するわけではない．
4) 「プロレタリアートは，ブルジョアジーに対する闘争のなかで必然的に結合して階級をつくり，革命をつうじて古い生産関係を暴力的に廃止するとしても，他方では，彼らは，この古い生産諸関係とともに階級対立の存立条件，階級一般の存立条件を廃止し，

それによってまた階級としての自分自身の支配をも廃止する」(MEW 4：482/495).
5) この点は松井（2012）で明らかにした．
6) この点については Miliband and Liebman（1986）を参照．
7)「急速な成長率ということが今後長い年月にわたってわれわれの重要な目標となるであろうという結論を何びとといえども避けることはできないと私は思う．……もしも労働党が生産拡大の目標を顧みないならば，イギリス民衆から見放されるであろうし，またそれは見放されるに値することだからである」(Crosland 1956, 378-79/2：194-95).
8) Rahnema（2017）を参照．
9) 日本ではかつて『マルクス主義法学講座』（天野他，1976-80）の執筆者に名を連ねていた田端（2010）が，今日では『幸せになる資本主義』を提唱している．
10) ただし Esping-Andersen（1999）自身はマルクス主義の出身らしく，社会発展論的視角も持ち合わせている．彼は福祉国家の危機をポスト工業化という時代状況の中で捉えようとする．ところが彼の比較分析の方法が社会発展論的視角の妨げになっている．労働市場の流動化や家族の不安定性といったポスト工業化的趨勢を福祉国家にとって外生的な問題であると彼は認識し，社会民主主義的な福祉レジームに移行すれば危機は乗り越えられると期待する．つまり彼にあっては結局，福祉国家の危機は資本主義の枠内で解決可能なのである．
11) Lavelle（2008）は，社会民主主義が衰退した最大の原因は高度経済成長の終焉だとする．
12) 日本の福祉国家と基本法研究会に集う研究者・実務家グループも経済成長主義との決別を訴えている．「現代の福祉国家運動は，従来の経済成長主義から脱却する努力と一体になって行われる必要があろう．これは，資源・環境の点で持続可能な経済を実現するべきことにくわえ，過度に商品化され市場化された生活全般の見直しの必要からも要請され，さらに，国際平和を拡大するべく低開発諸国からの富の移動を抑えるためにも必要なことである」(福祉国家と基本法研究会他 2011, 95).
13) 正村（2000）を参照．
14) 1980年代にはフェビアン左派の Wootton（1985）が「社会主義的モラル」の観点から，資本主義と中央集権主義を拒否して分権的・地方的社会主義を主張した．同派の Walker（1984）によれば，彼らの「構造的社会計画」は中央集権的な国家主導の計画ではなく，分権的で地域の一般市民が策定する計画である（Chap. 8 and 9）．田端（1988, 68-69）を参照．
15) 日本でも1970～80年代の自民党政府主導による「日本型福祉社会」論とは異なる，正

村（2000）のような「新しい福祉社会論」が1990年代以降に登場した．武川（1999, 7-10）を参照．

16）福祉国家の危機が叫ばれた1970年代以降からすでに，社会民主主義者の中には国家の縮小を求める者もいた．たとえば Hirst（1994），Keane（1988）などである．しかし彼らの議論においては，国家の縮小と市場の拡大が明確に区別されていないという弱点があった．それは「第三の道」に論拠を与える結果となった．官僚政治の打破を訴えた日本の民主党政権（2009〜12年）が結局，新自由主義路線に傾いていったのは同じ失敗の繰り返しである．

17）福祉国家構想研究会に集う研究者グループは，市民社会民主主義の「新福祉社会」を批判する．福祉国家構想研究会によれば追求されるべき目標は，「新福祉社会」ではなくて「新福祉国家」である．なぜなら新たな福祉を実現するためには，大企業を規制して財政構造を変革しなければならないが，市民社会民主主義派が依拠する近代的市民権だけでは不十分で，国家権力の獲得が不可欠だからである（二宮 2002, 104-7；2005, 93-96）．この対立はマルクス主義とアナーキズムの論争と性格が等しい．「新福祉国家」派が国家の次元での変革が必要なことを強調するのに対して，「新福祉社会」派は市民による主体性発揮の必要性を強調する．両者は本質的には対立しないし提携可能であると，筆者は考える．

18）ポピュリズムについては，水島（2016）を参照．

19）聽濤（2012）は「完全福祉国家」としての社会主義を提唱した（148-57）．たしかに彼は，この「社会主義」が国家の死滅する（狭義の）共産主義社会ではないと断っている．とはいえ資本主義社会を廃絶した後にいったんは労働者階級が国家権力を掌握したとしても，（狭義の）の共産主義社会において国家が死滅するならば，そこにいたる社会主義社会の段階で国家が縮小していく過程が組み込まれているはずである．ところが聽濤の構想では完全な福祉はすべて国家が担うことになる．これでは社会民主主義者の国家偏重の傾向よりさらに後退している．

20）市民社会論については膨大な議論の蓄積がある．近年の成果として次の2冊を挙げておく．植村（2010），山田他（2018）．

21）自由主義的規範理論においては，Rawls（[1971] 1999）が正義の通用する範囲を一国内部に限定したのに対し，Pogge（[2002] 2008）がグローバルな次元でも正義は成立すると主張し，両者の考えを支持する論者の間で論争が交わされた．ミラーの国際正義論は，マルクス主義的唯物論の観点から後者の議論を根拠づけたものと捉えることができる．

22)「改良主義が復活するには，かつて社会民主政を育くんだ状況とはかなり異なる状況に対処しなければならないことになるであろう．とりわけ，担い手の問題は深刻である．社会民主政は，伝統的に，国民国家を変革するための枠組みであり，手段でもあると考えられてきた．経済のグローバル化によって，国民国家の権力が崩壊したわけではないとしても，国民国家がマヌーバーを駆使しうる余地は，二〇世紀半ばの自給自足型経済の時代よりも狭まっていることは確かである」(Callinicos 2001, 123/207). 筆者はカリニコスと同意見である．

23) Martell（2012）はグローバルな社会民主主義の必要性を認めながら，国際機関の次元で社会民主主義的政策を遂行することは，各国間の利害対立のゆえに困難であり，各国の社会民主主義勢力と社会運動が課題ごとに水平的連携を強めていくしかないと判定する．

24) Roper（2011）は Held（2004）によるグローバル社会民主主義の提案について，それを実現するにはグローバルな資本主義をグローバルな社会主義に転換しなければならないと主張する．

25) この点については Manley（2015, 521‒23）を参照．

26) Rahnema（2017）は，資本主義の枠内にあって共産主義社会に徐々に近づく政策をとる社会民主主義を「ラディカルな社会民主主義」と呼ぶ．

27) 資本主義社会から共産主義社会への段階的移行をめぐる具体的な構想については，別の機会に詳論したい．

第2章　生産力の発展

1　はじめに

　20世紀後半に自然環境破壊が深刻な問題として浮上して以降，マルクス主義とエコロジーの関係をめぐってすでに多くの論考が提出され，いくつかの重要な論争も繰り広げられてきた．エコロジー派には，マルクス主義はエコロジーと相容れないという見解をとる論者がいる．彼らによれば，マルクス主義の中には自然を支配しようとする傾向と生産力の上昇を進歩と捉える生産主義が抜きがたく存在する[1]．

　これに対してマルクス主義者は，資本主義が自然と人間の間の物質代謝を撹乱するというエコロジー的観点が自らにはあると反論した．彼らによればマルクス主義は，自然と人間の物質代謝という観点から両者が調和し共存するようなシステムを追求する枠組みを有する[2]．この反論は間違ってはいないが，エコロジストたちからの批判に十分に応えていない．なぜならエコロジストたちが生産主義という非難を浴びせかけたのは，マルクス主義の中枢をなす史的唯物論であり，それが生産力の発展を自明の前提とするからである．

　そこで本章の課題は，マルクス主義とエコロジーの関係を生産力の概念に焦点を当てて考察することにある．第2節では，生産力の概念を生産量P1，生産性P2，自然制御能力P3の三つに分類する．第3～5節ではそれぞれの節で，P1，P3，P2に基づく史的唯物論とエコロジーの関係について検

討する．第6節ではこれらの検討を踏まえ，エコロジーと両立可能な史的唯物論を提案する．

2　生産力の概念

マルクス主義をめぐって生産主義（productivism）または生産力主義（theory of productive forces）という概念は，マルクス主義者とエコロジストの論争以前から，批判的な意味合いで用いられてきた[3]．マルクス主義の中核をなす史的唯物論では生産力，生産関係，上部構造という主要な範疇のうち，もっとも基底的な位置にあるのは生産力である．それゆえこの考えは生産主義と呼ばれ，一種の技術決定論であるという批判がなされてきたのである．エコロジストがマルクス主義者を批判するときにも生産主義を槍玉に挙げるが，その論点は若干異なる．史的唯物論では生産力は歴史を通じてつねに発展してきたし，今後もいっそう発展していくとされる．史的唯物論はこの前提を自明としており，しかもそれを肯定的にさえ評価する．しかし，エコロジストにとってはこのように生産力の無限の発展を美化する楽観的進歩主義は，自然環境保護に逆行するというわけである．われわれは史的唯物論の内容を再確認しなければならない．そこで史的唯物論の核心がもっとも明確に示された『経済学批判序言』を見ておこう．

「人間は，彼らの生活の社会的生産において，一定の，必然的な，彼らの意志から独立した諸関係に，すなわち，彼らの物質的生産諸力の一定の発展段階に対応する生産諸関係にはいる．これらの生産諸関係の総体は，社会の経済的構造を形成する．これが実在的土台であり，その上に一つの法律的および政治的上部構造がそびえ立ち，そしてそれに一定の社会的意識形態が対応する．物質的生活の生産様式が，社会的，政治的および精神的生活過程一般を制約する．人間の意識が彼らの存在を規定するのではなく，彼らの社会

的存在が彼らの意識を規定するのである．社会の物質的生産諸力は，その発展のある段階で，それらがそれまでその内部で運動してきた既存の生産諸関係と，あるいはそれの法律的表現にすぎないものである所有諸関係と矛盾するようになる．これらの諸関係は，生産諸力の発展諸形態からその桎梏に一変する．そのときに社会革命の時期が始まる．経済的基礎の変化とともに，巨大な上部構造全体が，あるいは徐々に，あるいは急激にくつがえる．このような諸変革の考察にあたっては，経済的生産諸条件における物質的な，自然科学的に正確に確認できる変革と，それで人間がこの衝突を意識するようになり，これとたたかって決着をつけるところの法律的な，政治的な，宗教的な，芸術的または哲学的な諸形態，簡単にいえばイデオロギー諸形態とをつねに区別しなければならない．ある個人がなんであるかをその個人が自分自身をなんと考えているかによって判断しないのと同様に，このような変革の時期をその時期の意識から判断することはできないのである．むしろこの意識を物質的生活の諸矛盾から，社会的生産諸力と生産諸関係とのあいだに現存する衝突から説明しなければならない．一つの社会構成は，それが十分包容しうる生産諸力がすべて発展しきるまでは，けっして没落するものではなく，新しい，さらに高度の生産諸関係は，その物質的存在条件が古い社会自体の胎内で孵化されおわるまでは，けっして古いものにとって代わることはない．それだから，人間はつねに，自分が解決しうる課題だけを自分に提起する．なぜならば，詳しく考察してみると，課題そのものは，その解決の物質的諸条件がすでに存在しているか，またはすくなくとも生まれつつある場合にだけ発生することが，つねに見られるであろうからだ．大づかみにいって，アジア的，古代的，封建的および近代ブルジョア的生産様式が経済的社会構成のあいつぐ諸時期として表示されうる．ブルジョア的生産諸関係は，社会的生産過程の最後の敵対的形態である．敵対的というのは，個人的敵対という意味ではなく，諸個人の社会的生活条件から生じてくる敵対という意

味である．しかしブルジョア社会の胎内で発展しつつある生産諸力は，同時にこの敵対の解決のための物質的条件をもつくりだす．したがってこの社会構成でもって人間社会の前史は終わる」（MEW 13：9/6-7）．

　生産力と生産関係の統一である生産様式は，歴史の発展とともに原始共同体，奴隷制，封建制，資本主義，共産主義へと，階級関係を中心にあらゆる面で質的に変化していく．この変化をもたらす原因が生産力の発展である．本書の関心からは次の点に注意しておきたい．第一に，生産力の発展は，不可逆的で休止することがない永遠の過程である．それぞれの生産様式における生産関係には，その生産力の発展段階に応じて形成期・繁栄期・成熟期というサイクルがあるが，生産力はひたすら発展していく．第二に，ある生産関係は形成期から繁栄期にかけては生産力の発展を促進する役割を果たすのだが，繁栄期から成熟期にかけては逆にその発展にとっての桎梏へと転化する．つまりある生産関係の生産力に対する関係は一定ではなく変化する．このように史的唯物論においては，生産力の発展こそが生産様式を発展させる原動力なのであり，それは自明の前提なのである．

　エコロジストがマルクス主義の反エコロジー的性格を指摘する際の論拠は，このように生産力の発展を自明視する史的唯物論がマルクス主義の中核にあることである．ところが論争の中心概念たる生産力について，エコロジストとマルクス主義者の間に共通了解があるとはいえず，曖昧なまま使用されてきた．これでは論争が不毛に終わってしまうおそれがある．そこで生産力の概念について整理しよう[4]．生産力概念の解釈として本章の課題にとって重要なのは，次の三つである．

　第一は，生産量としての生産力である．

　「すべての現実の恐慌の究極の原因は，やはり，資本主義的生産の衝動に対比しての大衆の窮乏と消費制限なのであって，この衝動は，まるでただ社会の絶対的消費能力だけが生産力の限界をなしているかのように生産力を発

展させようとするのである」（MEW 25：501/619）．

ここでは生産力は消費量に対する生産量という意味で用いられており，絶対的な大きさが問題とされる．この絶対的な生産量としての生産力を便宜的にＰ１と呼ぶ[5]．

第二は，生産性としての生産力である．

｜われわれが労働の生産力の上昇と言うのは，ここでは一般に，一商品の生産に社会的に必要な労働時間を短縮するような，したがってより小量の労働により大量の使用価値を生産する力を与えるような，労働過程における変化のことである」（MEW 23：333/414）．

「一つの自然力を社会的に制御する必要，それを節約するとか，それを大規模な人工によって初めて取り入れるとか，馴らすとかする必要は，産業史の上で最も決定的な役割を演じている」（MEW 23：537/666）．

「社会化された人間，結合された生産者たちが，盲目的な力によって支配されるように自分たちと自然との物質代謝によって支配されることをやめて，この物質代謝を合理的に規制し自分たちの共同的統制のもとに置くということ，つまり，力の最小の消費によって，自分たちの人間性に最もふさわしく最も適合した条件のもとでこの物質代謝を行うということである」（MEW 25：828/1051）．

産出される生産量を Q，投入される生産要素量を X で表せば，生産要素１単位あたりの生産性は Q／X で示される．X が労働のときは労働生産性であり，それ以外の資源のときは資源生産性となる．たしかに K・マルクスか生産性というとき基本になるのは，X が労働となる労働生産性である[6]．しかし，自然と人間の物質代謝という観点からすれば，自然力も含めた「力の最小の消費」ないしその「節約」が大きな課題となるから，生産性の中に資源生産性も含めることは可能である．これら生産性としての生産力をＰ２と呼ぶ．

第三は，自然への制御能力としての生産力である．

「労働は，使用価値の形成者としては，有用労働としては，人間の，すべての社会形態から独立した存在条件であり，人間と自然とのあいだの物質代謝を，したがって人間の生活を媒介するための，永遠の自然必然性である」(MEW 23：57/58).

「労働は，まず第一に人間と自然とのあいだの一過程である．この過程で人間は自分と自然との物質代謝を自分自身の行為によって媒介し，規制し，制御するのである」(MEW 23：192/234).

労働とは自然と人間の間の物質代謝を媒介，規制，制御することである．生産力の大きな構成要素は人間主体の労働能力である．よって生産力は人間が自然との物質代謝を制御する能力である[7]．マルクスが生産力をこのように明示的に規定した文言は少ないが，その論理からこのように理解することは不可能とはいえない．この自然制御能力としての生産力をP3と呼ぶ．

自然環境との関係という観点からすると，マルクスは生産力を三つの意味で用いている．マルクスの生産力概念は，絶対的な生産量P1，生産性P2，自然制御能力P3として理解することができる[8]．

エコロジストがマルクス主義者を批判するときは生産力をP1の意味で使い，マルクス主義者がエコロジストに反論するときにはP3を用いる傾向がある．P2については両者ともその位置づけがはっきりしない．エコロジストとマルクス主義者の論争において，双方が異なる生産力の概念を用いていたのでは，議論が噛み合わないのは当然である．以下ではP1～P3のそれぞれに基づいた史的唯物論とエコロジーの関係を検討する．議論の順序は便宜的に，P1，P3，P2とする．

3　生産量：P1

マルクスは資本主義社会において生産量としての生産力P1がどのように

変化すると考えていたであろうか．次は『経済学批判要綱』の「資本の文明化作用」に関する箇所である．

「資本がはじめて，市民社会を，そして社会の成員による自然および社会的関連それ自体の普遍的取得を，つくりだすのである．ここから資本の偉大な文明化作用が生じ，資本による一つの社会段階の生産が生じるのであって，この社会段階に比べれば，それ以前のすべての段階は，人類の局地的諸発展として，自然崇拝として現われるにすぎない．……資本は，これらいっさいに対して破壊的であり，たえず革命をもたらすものであり，生産諸力の発展，諸欲求の拡大，生産の多様性，自然諸力と精神諸力の開発利用ならびに交換を妨げるような，いっさいの制限を取り払っていくものである」（MEGA Ⅱ 1（2）：322/2：17-18）．

マルクスは，資本主義社会においてP1はそれ以前の社会よりも飛躍的に増大すると認識していた．そして「資本の偉大な文明化作用」という表現からは，マルクスがこのような事実認識をもっていたのみならず，価値判断としても資本主義社会におけるP1の発展を肯定的に評価していたことが推察される．しかし「資本の文明化作用」論に続く部分では，資本主義社会の抱える矛盾が問題とされる．

「資本がやむことなく指向する普遍性は，もろもろの制限を資本自身の本性に見いだすのである．これらの制限は，資本の発展のある一定の段階で，資本そのものがこの傾向の最大の制限であることを見抜かせるであろうし，したがってまた資本そのものによる資本の止揚へと突き進ませるであろう」（MEGA Ⅱ 1（2）：323/2：18-19）．

マルクスは「資本の文明化作用」論で，資本主義がP1を飛躍的に発展させると認識し，しかもそれを肯定的に評価していた．ところが資本主義というシステムそのものが有する矛盾のゆえに，P1の上昇は一定の段階で制限にぶつかってしまう．資本主義社会はそれ以前の社会と比べれば圧倒的にP

P1を増大させるのだが，資本・賃労働関係を基礎とするシステムであるがゆえに，資本の側における過剰な蓄積と労働の側における貧困を，そしてその結果として恐慌をもたらし，P1のさらなる発展を妨げてしまう．マルクスは，資本主義社会がP1の増大を抑制する側面をもつことを否定的に評価し，それを根拠にして資本主義社会の廃絶を主張する．

マルクスは資本主義社会がそれまでの社会よりもP1を飛躍的に増大させることを賞賛するのだが，他方でそれが有する内在的矛盾のゆえに一定の段階を超えることができないことをもってその限界とみなし，よって資本主義社会が崩壊せざるをえないと考えた．すなわち，マルクスの資本主義社会に対する認識はP1の増大という観点で一貫していたのである．

次に共産主義社会におけるP1について見てみよう．マルクスはP1が資本主義社会では上昇することを賞賛し，しかもその後の共産主義社会においてよりいっそう上昇することが望ましいと考えていた．

「共産主義社会のより高度の段階で，すなわち諸個人が分業に奴隷的に従属することがなくなり，それとともに精神労働と肉体労働との対立がなくなったのち，労働がたんに生活のための手段であるだけでなく，労働そのものが第一の生命欲求となったのち，諸個人の全面的な発展にともなって，またその生産力も増大し，協同的富のあらゆる泉がいっそう豊かに湧きでるようになったのち――そのときはじめてブルジョア的権利の狭い視界を完全に踏みこえることができ，社会はその旗の上にこう書くことができる――各人はその能力におうじて，各人にはその必要におうじて！」(MEW 19：21/21)．

ここでの「生産力」はP1とP2のいずれに解することもできるが，その直後で「協同的富」がいっそう多く生み出されるとされていることから，少なくともP1の増大を含意することは間違いない．マルクスは，共産主義社会においては資本主義社会以上にP1が発展することを期待していた．

P1が共産主義社会においても上昇すると期待されたことは，今日の環境

図表 2-1　共産主義社会での P1

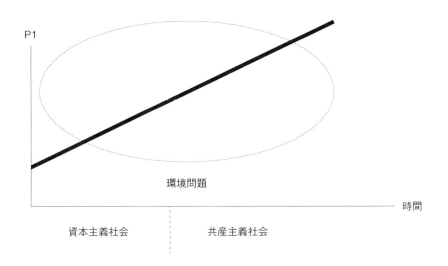

問題の現状からすれば否定されねばならないだろう．P1の増大は，消費量そして廃棄量の増大をもたらし，自然環境が分解ないし処理する限度を超えることによって，環境悪化へと繋がる．P1の上昇は，環境問題にとってマイナスの影響を及ぼすのである．自然制御能力の上昇によって，資源の有効活用やリサイクル可能な生産物を作り出すことは可能であろう．しかし，資本主義社会以上に大量の生産物を生産，消費，廃棄することは，原則的に回避するべきである．共産主義社会においても生産量の増大が見込まれていたことは，今日の環境問題からすれば受け入れられない（図表2-1）．

マルクスのP1に基づく史的唯物論は，資本主義社会から共産主義社会にかけてP1が増大していくし，増大していくべきであると考えられていた点で一貫していた[9]．しかし，自然環境による制約という点を考慮するならば，このタイプの史的唯物論を支持するのは不可能である[10]．共産主義社会において資本主義社会以上にP1が増大するという展望は，エコロジー的観点か

らして受け入れられない[11]．

4　自然制御能力：P3

マルクスは，自然と人間の間の物質代謝を制御する能力としての生産力P3が，資本主義社会においてはどのようになると考えていたであろうか．P3の上昇は，自然と人間の物質代謝における制御能力の上昇を意味するから，これは自然環境にとって好ましい効果をもたらすと考えてよかろう．たとえば同量の生産物を作ったとしても最終的に分解する製品を開発すれば，それは自然環境にとって望ましい効果をもたらすであろう．これはP3上昇の一つと考えてよい．『資本論』第1部第13章「機械と大工業」では，資本主義的生産における物質代謝について次のように述べられている．

「資本主義的生産は，それによって大中心地に集積される都市人口がますます優勢になるにつれて，一方では社会の歴史的動力を集積するが，他方では人間と土地とのあいだの物質代謝を撹乱する．すなわち，人間が食料や衣料の形で消費する土壌成分が土地に帰ることを，つまり土地の豊穣性の持続の永久的自然条件を，撹乱する」（MEW 23：528/656）．

資本主義的生産は工業のみならず農業に波及し，食料や衣料などの生産物は大量に消費され，やがては土地に大量に廃棄される．こうして資源の略奪と環境の悪化を通じて自然と人間の間の物質代謝を撹乱する．共産主義社会の物質代謝はこれとは逆の方向をめざす．すなわち，都市・工業と農村・農業の結合を通じた，人間と土地の間の物質代謝の再建である[12]．共産主義社会は物質代謝を合理的に規制して協同的統制のもとにおく．物質代謝を制御する能力としての生産力P3が共産主義社会では上昇することを，これは意味する．P3の上昇という視点からすれば，資本主義社会では疎外された生産と消費のゆえに物質代謝の撹乱が避けられないが，共産主義社会では物質

代謝がより合理的に規制される.

　P3が資本主義社会よりも共産主義社会においていっそう発展するという議論は,エコロジーに親和的である.それがゆえにエコロジーに積極的なマルクス主義者は生産力をP3と理解しようとする.しかし史的唯物論の観点からすると,大きな問題がある.資本主義社会は,その形成期には機械制大工業によって可能になった巨大な生産力にふさわしい生産関係であったが,成熟期に至ると生産力を促進する要因から逆に阻害する要因すなわち桎梏に転化する.その後に続く共産主義社会は,資本主義のもとで抑制されていた生産力をいっそう大きく発展させる.

　ここで生産力の部分にP3を入れてみよう.P3が資本主義社会よりも共産主義社会においていっそう発展するというのは,マルクス主義とエコロジーの観点から首肯できるであろう.資本主義社会の成熟期においては公害・環境問題の深刻化に見られるように,資本主義がP3の発展にとって桎梏になっている点も了解できる.では資本主義社会の形成期についてはどうか.この段階では資本主義はその前の封建時代よりもP3を飛躍的に促進したことになる.

　たしかに資本主義は自然を利用する能力——たとえば化石燃料の活用——を発展させてきたし,それまで自然的な要因のゆえに不可能だと思われてきたこと——たとえば長距離旅行時間の劇的な短縮——を可能にしてきた.しかし,それは自然と人間の間の物質代謝の均衡を保持するという意味での自然制御能力P3ではなかった.なるほど資本主義社会の形成期においては,局所的な公害問題はあっても,現在のような大局的な自然環境問題は起こらなかった.だがそれは資本主義社会の形成期ではいまだ生産量が少なく,自然に与える被害も相対的に小さかったからにほかならず,資本主義がP3を封建時代よりも増やしたからではない.むしろ資本主義以前の社会におけるP3のほうが資本主義のP3よりも高かったという議論も成り立つかもしれ

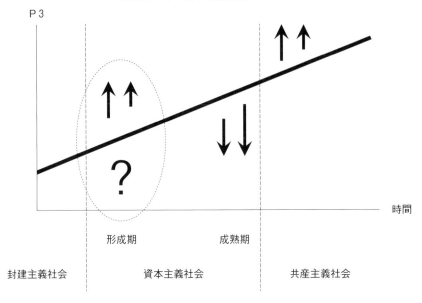

図表2-2　資本主義社会でのP3

ない．資本主義社会がそれ以前の社会よりもP3を発展させてきたという議論は，歴史的現実に合致しない．史的唯物論は生産力がいかなる時代においても不断に上昇するという前提をおくから，生産力はP3であるという議論は史的唯物論に抵触する．したがってP3を生産力と理解することでは，マルクス主義とエコロジーを両立させることはできない（図表2-2）[13]．

5　生産性：P2

史的唯物論とエコロジーを両立させる生産力の概念として消去法で残ったのは，P2である．本節ではP2に基づく史的唯物論とエコロジーの関係を検討する．P2の上昇はそれだけで考えるかぎりは，自然環境に対して中立的である．生産要素量Xが一定のもとで，またはXの増加率を上回る増加

率で，生産量Qが増大することによるP2の上昇は，P1の上昇と同様に環境に負荷を与える．逆にQが一定のもとでP2が上昇することは，投入されるXが労働であれ生産財であれ減少することを意味する．それはより少ない労働時間ないし資源で同規模の生産が可能になるのだから，環境にとっては好ましい．したがってP2の上昇は，生産量と生産要素量の関係によって環境への効果が変わってくるのであって，P2の上昇それ自体は環境にとって中立的である．ではP2に基づいて史的唯物論を再構成するとどうなるであろうか．マルクスは，『資本論』第1部第48章「三位一体的定式」において，「自由の国」と「必然性の国」を次のように対比する．

「じっさい，自由の国は，窮乏や外的な合目的性に迫られて労働するということがなくなったときに，はじめて始まるのである．つまり，それは，当然のこととして，本来の物質的生産の領域のかなたにあるのである．未開人は，自分の欲望を充たすために，自分の生活を維持し再生産するために，自然と格闘しなければならないが，同じように文明人もそうしなければならないのであり，しかもどんな社会形態のなかでも，考えられるかぎりのどんな生産様式のもとでも，そうしなければならないのである．彼の発達につれて，この自然必然性の国は拡大される．というのは，欲望が拡大されるからである．しかしまた同時に，この欲望を充たす生産力も拡大される．自由はこの領域のなかではただ次のことにありうるだけである．すなわち，社会化された人間，結合された生産者たちが，盲目的な力によって支配されるように自分たちと自然との物質代謝によって支配されることをやめて，この物質代謝を合理的に規制し自分たちの共同的統制のもとに置くということ，つまり，力の最小の消費によって，自分たちの人間性に最もふさわしく最も適合した条件のもとでこの物質代謝を行うということである．しかし，これはやはりまだ必然性の国である．この国のかなたで，自己目的として認められる人間の力の発展が，真の自由の国が，はじまるのであるが，しかし，それはただ

かの必然性の国をその基礎としてその上にのみ花を開くことができるのである．労働日の短縮こそは根本条件である」(MEW 25：828/10-51)．

マルクスは，共産主義社会では生産量が資本主義社会以上に増進し，同時にＰ２の意味での生産力も上昇すると考えていた．「自然必然性の国」では人間の欲望が拡大するがそれを満たす生産量も増大する．物質代謝を合理的に規制し，「力の最小の消費」によってもっとも人間らしい条件のもとで物質代謝を行うというのは，Ｐ２がいっそう増進することを示す．生産量とＰ２がともに上昇するのだから，分母の労働時間が増加することもありうる．この「必然性の国」は資本主義社会から（狭義の）共産主義社会の前期までを指すと思われる．（狭義の）共産主義社会の後期が「自由の国」であり，そこでは人々は物質代謝のための労働から解放され，自由な活動を享受する．そのためには生産量はどこかで一定にならねばならないはずである．すなわち人間性にふさわしい生産と消費の組み合わせが見つけられれば，「欲望の充足が休止を命ずる」のであり（MEW 25：269/324)，生産量の増大は停止する．生産量が一定のもとで生産力Ｐ２が増大すれば，分母である労働量は減少していく．そして労働が廃止される時点において，「自由の国」が可能になるというシナリオである．

　Ｐ２の上昇は，資本主義社会から（狭義の）共産主義社会の前期にかけては，生産量の上昇のために望ましいと考えられていた．しかし，（狭義の）共産主義社会のある発展段階で人々の必要を満たす生産量が達成されたなら，今度は投入する労働や資源の縮小のためにＰ２の上昇が期待される．

　ではＰ２の上昇が生産量の増大から投入する労働や資源の減少に転ずるのは，どの時点だろうか．マルクスが社会主義社会で貢献原理を採用したのは，この段階では生産量の増大が社会的に要請されると考えたからだろう．よって生産量の増大が停止する転換点は，この段階ではなくて（狭義の）共産主義社会に入って，「その生産力も増大し，協同的富のあらゆる泉がいっそう

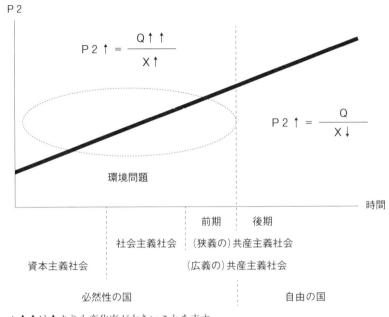

図表2-3　マルクスによるP2のシナリオ

＊↑↑は↑よりも変化率が大きいことを表す．

豊かに湧きでるようになったのち」（MEW 19：21/21）である．つまりそれは（狭義の）共産主義社会に入ってしばらく経った時点だということになる．このマルクスのシナリオは，（狭義の）共産主義社会に入ってもなお生産量の増大が展望される点で，生産力をP1と理解する議論と同様にエコロジーと両立しえない（図表2-3）．

そこでマルクスからいったん離れ，筆者独自の観点からP2のシナリオを再構成してみよう．筆者のシナリオでは，資本主義社会の終焉とともに生産量の増加は停止する．資本主義社会では当初，投入される生産要素の増加率を生産量の増加率が上回ることによって，P2を増加させてきた．しかし資源制約と環境破壊の問題にぶつかるに及んで，生産要素量の増加率を生産量

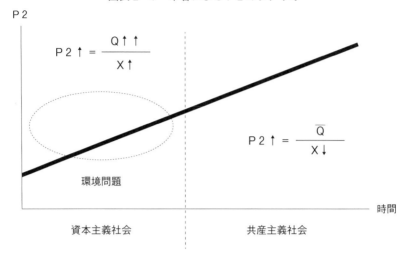

図表2-4 筆者によるP2のシナリオ

の増加率が上回ることは困難となる．ここにいたって資本主義はP2のさらなる増大にとって桎梏となる．共産主義社会の目的は，経済成長ではなくて基本的必要の充足と共同を通じた自己実現である．そのためには豊かな自然環境の保持と自由時間の確保が優先される．この社会では生産量は定常状態に落ち着くので，P2の増大は投入される資源と労働の減少を意味する．つまり共産主義社会はP2の上昇を通じて，エコロジー的課題を推進する（図表2-4）．

　この再構成された史的唯物論をまずエコロジーという点から見れば，資本主義社会が経済成長を目的とした社会であるのに対して，共産主義社会は定常状態を基本とした社会であり，エコロジーと両立可能である．そして史的唯物論という点から見ればP2は資本主義社会においては生産量の上昇という形で増大し，共産主義社会では投入される資源と労働の減少という形で増大する．P2は資本主義社会から共産主義社会に至るまで一貫して上昇しつづける．よって筆者によるP2のシナリオはエコロジーと両立し，かつ史的

唯物論との整合性を満たす．

6 小括

　史的唯物論はマルクス主義の思想体系の中でももっとも重要な理論の一つである．ところがその中核概念である生産力については，マルクス自身も多様な意味で用いており，曖昧なままにされてきた．マルクス主義とエコロジーをめぐる論争においては，エコロジストは生産力をＰ１として理解し，その上昇を追求する生産主義がエコロジーに敵対的であると非難した．マルクス主義者は生産力をＰ３として捉え，共産主義社会はこの意味での生産力を促進するのだから，エコロジーと親和的であると反論した．しかし，いずれの生産力概念も整合性という点で難点があり，史的唯物論をエコロジーと両立させることはできなかった．マルクスはＰ２としても生産力を理解していた．しかし彼は共産主義社会に入ってもなお生産量が増大することによるＰ２の上昇を展望しており，このシナリオもエコロジーとは両立しがたい．そこで筆者は，資本主義社会では生産量の増大を伴う形でＰ２が上昇するが，共産主義社会ではその当初から生産量が一定で，投入される生産要素量が減少することによってＰ２が上昇するというシナリオを提示した．史的唯物論とエコロジーを両立させる生産力の概念は，Ｐ１とＰ３ではなくて筆者のシナリオに基づくＰ２である．

　重要なのは生産力の概念からＰ１とＰ３を外してＰ２に限定しても，生産関係は生産力に照応するという史的唯物論の基本構造はまったく変更されていないことである．むしろＰ２が時代を超えて一貫して上昇するという前提が採用されることによって，史的唯物論の論理的整合性が確保される．生産力Ｐ２の発展という意味で生産主義的であることは，それ自体としてはエコロジーにとって中立的である．所与の生産力がエコロジーに親和的になるか

どうかを決定するのは生産関係である．すなわち資本主義的な生産関係のもとでのＰ２の上昇はエコロジーに敵対的であり，共産主義的な生産関係のもとでのＰ２の上昇はエコロジーに親和的である．本章が提案する生産力概念の再構成によって，史的唯物論を中軸とするマルクス主義は，エコロジーと論理的に両立可能となった[14]．

注

1) Benton（1989）を参照．
2) Foster（2000），斎藤（2019）を参照．
3) Baudrillard（1973）を参照．
4) 生産力概念の分類については，原（1956），吉田（1980）を参照．
5) 生産量をいかなるタームで，すなわち物量，労働価値，価格のいずれで表示するかは，本章の結論に影響を与えないので問題にしない．次の生産性についても同様である．
6) 労働価値説からすれば，資源を生産するための労働を計算すれば，資源生産性は労働生産性に還元される．しかし，自然と人間の物質代謝という観点からすれば，資源生産性の概念には独自の意義がある．
7) このような理解については，置塩（1976）を参照．
8) ほかにも生産力の定義として，たとえば生産物の種類の増大などが考えられるが，本章の結論に影響しないので省略する．
9) 後述のように，（狭義の）共産主義社会が十分に発展した後期にはＰ１の変化は定常状態になると，マルクスは展望していたという解釈も可能だが，少なくとも（狭義の）共産主義社会の前期では資本主義社会以上にＰ１が増大すると，彼は考えていた．
10) 大西（2020）の「マルクス派最適成長論」によれば，資本主義は環境問題のような外的要因を考慮しなくとも，最適な成長経路を辿った結果として定常状態に達する．しかし本文の主張はこの理論が正しいとしても変わらない．
11) Ｐ１の増大という意味での生産主義は，たしかに現実のマルクス主義において重視されてきた．マルクスが資本主義においてもさらなる生産量の増大が必要と考えたのは，19世紀の資本主義段階を念頭においてであり，さらなる生産量が得られないと共産主義社会の実現は不可能と考えたからである．ソ連・中国など生産量の面でまだまだ劣った

国々が「社会主義」を自称し，そこでのイデオロギーが標準化されたことが，P1に基づく史的唯物論を普及させる結果になった．現代の資本主義はマルクスが予想もしなかった生産量を達成している．共産主義社会における生産量の増大は不要である．

12) 小松（2001, 81）を参照．
13) 筆者は，自然制御能力を史的唯物論における生産力P3として理解することに反対するのであって，共産主義社会が自然制御能力を発展させるという議論に反対するわけではない．
14) 筆者の結論に対して，資本主義社会における生産量の発展を容認する点でやはり反エコロジー的であるという批判があるかもしれない．第一に，当該社会の生産量が少なく人々の必要を満たせない状況にあるならば，筆者の理解するマルクス主義は，この社会での資本主義による生産量の増大を是認するだろう．それが反エコロジー的だというならばそれを甘受するしかない．第二に，今日の先進国がすでに十分な生産量を達成しているのにさらなる経済成長を続けようとする議論に対しては，マルクス主義者は反対する．第三に，資本主義であるかぎり経済成長は避けられず環境破壊は仕方ないという硬直的な態度を，マルクス主義者はとらない．資本主義の中でも自然制御能力を発展させ，環境破壊を緩和する方法があるならば，それを取り入れるべきである．これは資本主義社会において資本賃労働関係が廃絶できないとしても，法律によって労働者の権利を保護しようとする姿勢と同一である．

第 3 章　労働の廃絶

1　マルクス主義的な労働観のアポリア

　先進資本主義国は，20世紀中葉に高度経済成長を経験したが，1970年代以降は低成長の時代へと移行し，21世紀に入りグローバル化，サービス化，情報化という流れの中でゼロ成長へと移行しつつある[1]．成長経済の終焉を事実として受け止めるだけでなく，むしろかつて J・S・ミル（[1848] 1970）が唱えた定常状態論のように，それを望ましい状態として歓迎する議論も現れている[2]．今日の福祉国家においては，経済成長のためにより多くの労働が必要であり，「仕事がなければ，福祉はない」という生産主義が根強いものの，近年「仕事なしの福祉」を提唱するポスト生産主義の潮流が台頭してきた[3]．こうした今日の福祉国家における労働をめぐる諸潮流のせめぎ合いを念頭におきつつ，マルクス主義の将来社会論において労働がどのように位置づけられるかを検討するのが，本章の課題である．

　K・マルクスは，『資本論』第 1 部第 5 章「労働過程と価値増殖過程」において，労働の普遍的性格を強調する．「労働過程は，使用価値を作るための合目的活動であり，人間の欲望を満足させるための自然的なものの取得であり，人間と自然との間の物質代謝の一般的な条件であり，人間生活の永久的な自然条件であり，したがって，この生活のどの形態にもかかわりなく，むしろ人間生活のあらゆる社会形態に等しく共通なものである」（MEW 23:

198/241).この叙述は,労働はいかなる社会においてもみられる,人間にとって本質的な活動であるというマルクスの認識を示すようにみえる.もし現実の労働が疎外された労働であるならば,われわれの目的はそのような労働を人間らしい労働へと転換すること,すなわち「労働の解放」である.

ところがマルクスは『資本論』第1部第48章「三位一体的定式」において,「労働からの解放」を構想する.自然と人間の間の物質代謝のために人間が労働せざるをえない「必然性の国」において「労働日の短縮」が追求された結果,そのような労働から解放された「自由の国」において,「自己目的として認められる人間の力の発展」が可能になる(MEW 25：828/1051).ここではたとえ労働が疎外を免れて「労働の解放」が達成されたとしても,われわれの目的はそこに止まることなく労働そのものから解放されること,すなわち「労働からの解放」となる.

マルクスは「労働の解放」を求めていたのか,それとも「労働からの解放」を求めていたのか.H・アレント(1958)はマルクスの労働概念に矛盾を見出した.彼女は「マルクスの思想全体を一本の赤い糸のように貫いている基本的な矛盾」について次のように述べる.

「実際,『資本論』の第三巻にも,青年マルクスの著作にも,ある基本的な矛盾が現れているのである.マルクスの労働にたいする態度,したがって彼の思想のほかならぬ中心的概念にたいする態度は,終始一貫,多義的である.労働は『自然によって押しつけられた永遠の必要』であり,人間の活動力の中で最も人間的で生産的である一方,革命は,マルクスによれば,労働者階級を解放することではなく,むしろ,人間を労働から解放することを課題にしている.つまり,労働が廃止されるときにのみ,『自由の王国』が『必然の王国』に取って代わるのである.……このようなはなはだしい根本的な矛盾は,むしろ二流の著作家の場合にはほとんど起こらないものである.偉大な著作家の作品なればこそ,かえって矛盾がその作品の核心にまで導入され

るのである」(104-5/160).

マルクスは，一方で労働は人間の本質であるとして「労働の解放」を訴えながら，他方で労働日の短縮を通じた「労働からの解放」を唱えている．マルクスの労働に対する態度は明らかに矛盾をはらむ．これをどう理解したらよいのか，アレントは当惑している[4]．彼女はこのような矛盾はむしろ偉大な思想家にこそ見出されるのだとして，それ以上の解明を諦めた．マルクスの労働概念にみられるアポリアは，現在に至るまで解決されていない[5]．本章ではこの問題に取り組むことを通じて，上述の課題に応えたい．

本章の構成は次のとおりである．第2節では，マルクス主義の社会発展論における労働と自由時間の概念を分類し，整理する．第3節では，第2節の整理を踏まえ，そのうちのいずれが疎外された労働に当たるのかを探る．第4節では，『資本論』における「労働日の短縮」をどのように理解するべきかを考察する．第5節では，第4節の理解と，労働を人間本質と捉える議論との関係を明らかにする．第6節では，結論としてマルクスの思想体系における労働の位置づけについて，筆者の見解を提示する．

2　社会発展論における労働と自由時間

労働の概念はきわめて広い．論者によって労働の意味が違うことが，労働をめぐる議論に混乱をもたらす大きな原因となっている．本章では社会発展における労働と自由時間の位置づけが考察の対象となる．それらの分類を本節で行う．分類の視角としては，マルクス主義の観点から社会体制への変化を通じて労働のあり方が変容していくことを問題にするので，社会体制に応じた労働の態様でもって，図表3-1のように分類する．

L1は，資本主義社会における賃労働である．資本家は労働者を雇用し，労働者は労働力を提供する報酬として賃金を得る．労働は賃金を得ることが目

図表3-1　労働と自由時間の分類

L1	資本主義社会における賃金労働
L2	市場経済における労働
L3	私有財産制下の自給自足経済における労働
L4	社会主義社会の貢献原理における労働
L5	共産主義社会の必要原理における労働
F1	自由時間における高度な活動
F2	自由時間における余暇

的である．この資本賃労働関係においては，労働者の生産した剰余労働は資本家によって搾取される．

　L2は，市場経済における労働である．それは私有財産制度と社会的分業を前提とする．市場経済は歴史的には単純商品生産として登場し，資本主義社会以前は支配的な生産関係となることはなく，資本主義社会に至って支配的な生産関係となった．この労働によって生産される財・サービスは，他者にとっての使用価値をもつ．資本主義社会は市場経済を基礎とするから，L2はL1を含む．よってL1ではないL2，すなわちL2－L1もある．L2－L1は，資本主義以前から資本主義に至るまでは，独立生産者または自営業者の労働として現れた．そして資本主義社会から社会主義社会へと移行する過程では，L2－L1は財産所有民主主義や自主管理企業に基づく市場社会主義のもとでの労働として現れることになる．歴史的順序からすれば，L2がL1に先行するが，ここでは資本主義から社会主義への移行過程における労働のあり方を問題にするから，L2はL1のあとに位置づけられる．

　たしかにマルクスは資本主義が廃止された市場経済については言及しなかった．しかし，『ゴータ綱領批判』にみられるように彼は，社会変革の構想として最終目標である(狭義の)共産主義社会の前に社会主義社会をおき，さらにその前に過渡期社会をおいた．資本主義社会と共産主義社会の間に必

要であれば過渡的な経済システムを挿入するという彼の姿勢からすれば，資本主義が廃止された市場経済を追求するアプローチもマルクス主義の中に数え入れてしかるべきだと，筆者は考える．

　Ｌ３は，私有財産制下の自給自足経済における労働である．市場経済は私有財産制を基礎にするが，社会的分業という条件がなければ市場経済にはならず，自給自足経済となる．歴史的には自給自足経済は市場経済に先行する．それは市場経済の発展とともに縮小し，資本主義社会に至って皆無に近くなる．市場経済のもとでの労働によって生産される財・サービスの使用価値は，他者のためのものであるのに対して，自給自足経済のもとでの労働によって生産される財・サービスは，自分のためのものである．歴史的には自給自足経済は市場経済に先行するが，両者の間に包含関係はない．

　資本主義社会が廃止され，さらに市場経済が縮小していった後に代替する経済システムとして，私有財産制下の自給自足経済に逆戻りする可能性はきわめて低いと思われる．しかし自給自足経済は，資本主義社会や市場経済よりも自分のための使用価値を生産する点で，疎外の程度が低い．よってＬ３は将来，社会体制として実現するわけではないが，論理的順序としてＬ３はＬ１とＬ２の後におかれる．

　Ｌ４とＬ５は，『ゴータ綱領批判』の共産主義社会の二つの段階に対応する労働である．社会主義社会では労働貢献原理が適用される．この原理に対応するのがＬ４である．

　第一段階「の共産主義社会は，あらゆる点で，経済的にも道徳的にも精神的にも，その共産主義社会が生まれでてきた母胎たる旧社会の母斑をまだおびている．したがって，個個の生産者は，彼が社会にあたえたのと正確に同じだけのものを——控除をしたうえで——返してもらう．個々の生産者が社会に与えたものは，彼の個人的労働量である」（MEW 19：20/20）．

　社会主義社会に続く，そして歴史的な発展段階としては最後に位置する（狭

義の）共産主義社会では，必要原理が支配的となる．この社会における労働がL5である．

「共産主義社会のより高度の段階で，すなわち諸個人が分業に奴隷的に従属することがなくなり，それとともに精神労働と肉体労働との対立がなくなったのち，労働がたんに生活のための手段であるだけでなく，労働そのものが第一の生命欲求となったのち，諸個人の全面的な発展にともなって，またその生産力も増大し，共同的富のあらゆる泉がいっそう豊かに湧きでるようになったのち——そのときはじめてブルジョア的権利の狭い視界を完全に踏みこえることができ，社会はその旗の上にこう書くことができる——各人はその能力におうじて，各人にはその必要におうじて！」(MEW 19：21/21).

L5は「第一の生命欲求」となった労働である．L4とL5の相違は，L4がいまだ市場経済と同様の自己労働に基づく所有ないし自己所有権原理によって規定されるのに対し，L5はこの原理から解放されている点にある[6]．L5は（狭義の）共産主義社会において支配的となる労働であるが，それ以前の社会でも存在し，しかも社会を基盤から支える重要な役割を果たしてきた．市場経済が支配的となるにつれて，貨幣収入が得られる労働こそが本来の労働であるという意識が生じ，それとともに貨幣収入のない労働すなわちアンペイドワークは，副次的な地位へと降格されることになった．だが市場経済の中にあってもアンペイドワークは，とくに労働力の再生産や社会保障の場面で不可欠な機能を果たしてきた．共産主義社会において市場経済が縮小していくにつれて，アンペイドワークは再び本来の労働のあり方として中心的な地位を取り戻すであろう．

また弱者救済や災害復興の際に注目されるボランティア労働もL5の一つである．ボランティア労働とは貨幣の稼得を目的としない自発的な労働である．市場経済，とくに利潤の追求を目的とする資本主義社会では，ボランティア労働は特別の場合に見出されるにすぎない例外的な労働とみなされる．し

かし利潤追求や稼得を目的としない（狭義の）共産主義社会では，むしろ経済社会を支える主要な労働になる．

労働以外の活動すなわち自由時間における営為をFで表す．Fは自由な活動F1と余暇F2に二分される．ここで労働とくにL5とF1の区別は必ずしも簡単ではない[7]．労働は物質代謝という必然性のための活動である．労働は無償かつ自発的なものであっても，何らかの経済的必要を満たすことを目的としてなされる活動である．これに対して自由時間の活動はもちろん無償かつ自発的であり，しかも何らかの経済的必要の充足を目的とするわけではない．自由時間の活動が結果的に社会の経済的必要を充足することはありうる．しかし，活動主体は必要を充足することを目的とするわけではない．

マルクスは『資本論草稿』において，労働時間と自由時間の比較を行う．

「労働時間の節約は，自由な時間の増大，つまり個人の完全な発展のための時間の増大に等しく，またこの発展はそれ自身がこれまた最大の生産力として，労働の生産力に反作用を及ぼす．……直接的な労働時間そのものが，自由な時間と抽象的に対立したまま——ブルジョア経済の視点からはそのように見える——ではありえない，ということは自明である．労働は，フリエが望んでいるのとは違って，遊びとはなりえないが，そのフリエが分配ではなくて生産様式それ自体をより高度の形態のなかに止揚することこそ究極の目的だ，と明言したことは，どこまでも彼の偉大な功績である．余暇時間でもあれば，高度な活動のための時間である，自由な時間は，もちろんそれの持ち手を，これまでとは違った主体に転化してしまう……」(MEGA II 1 (2)：589/2：499-500)．

労働それ自体が目的となり高度な活動となるような状況においては，労働時間と自由時間の対立はなくなる．労働時間における高度な活動も自由時間における高度な活動も，高度な活動という点ではほとんど同一である．ブルジョア的視点からすれば労働と自由時間は真っ向から対立するが，（狭義の）

共産主義社会の視点からすれば，労働と自由時間における高度な活動の間の境界はほとんどない．しかし，労働は何らかの障害を乗り越える真剣な行為であるという点で遊びとは区別される．マルクスは同じ箇所で次のように述べている．「このことは，フリエが浮気なパリ娘のように素朴に考えているのとはちがって，労働がたんなる楽しみ，たんなる娯楽だということを決して意味しない．真に自由な諸労働，たとえば作曲は，まさに同時に，途方もなく真剣な行い，全力をふりしぼった努力なのである」(MEGA Ⅱ 1（2）：499/2：340)．

マルクスは労働と遊びを区別する[8]．労働は真剣な全力を振り絞った活動であるが，遊びはたとえそれが高度な活動であっても，労働とは区別される．したがって同じ高度な活動であっても，労働と自由な活動ではそれへの取り組み方がまったく異なる．労働は精神的な集中を要するのに対し，遊びにはそれはない．同じ野球をプレーするにも，素人が趣味でプレーするのとプロ選手がプレーするのとでは緊張度がまったく異なる．自由な活動は労働よりも緊張が少なくより弛緩している．自由時間における高度な活動F1は（狭義の）共産主義社会においてもっとも開花するが，その出現は労働の歴史とともに古く，共産主義社会に近づくにつれて少しずつ増加していく．『ドイツ・イデオロギー』のユートピア的なくだりは，労働時間ではなく自由時間にあたる．

「各人がどんな排他的な活動範囲をももつことがなく，どんな任意の部門ででも腕をみがくことができる共産主義社会にあっては，社会が全般の生産を規制し，まさにそのことによって私に，今日はこれ，明日はあれをする可能性を与えてくれる．つまり狩人，漁師，牧者または批判者になるなどということなしに，私の気のおもむくままに，朝には狩りをし，午すぎには魚をとり，夕べには家畜を飼い，食後には批判をする可能性である」(MEW 3：33/29)．この「私」は労働者またはプロフェッショナルとしての「狩人，漁

師,牧者または批判者」ではなく,ただの素人である.だから「気のおもむくままに」作業内容を変更できるのである[9]．

最後のF2は,余暇すなわち自由時間における高度な活動以外の部分である[10]．先の引用にあるように,マルクスは自由時間を「余暇時間でもあれば,高度な活動のための時間」でもあるというように分類する（MEGA Ⅱ 1（2）：589/2：500）．F1には,高度な活動という点で労働との共通性があったが,F2はむしろ労働と正反対である．それゆえF2は純粋な余暇時間であり,F1と区別される．F2もF1と同様に,労働の出現と同時に登場したが,生産力の発展とともにしだいに増加し,（狭義の）共産主義社会において最長となる．以上が本章における労働と自由時間の概念の定義である．

3 疎外された労働

以上の定義に基づいて,いかなる労働が廃棄されるべきなのかを考えよう．労働を廃棄するには理由がある．まず取り上げねばならないのは疎外論で,労働の疎外が主要なテーマである．疎外の一般的な定義は次のとおりである．

「労働の分割は,人間たちが自然発生的な社会のうちに在るかぎり,したがって特殊な利益と共同の利益との分裂が存在するかぎり,したがって活動が自由意志的にでなくて自然発生的に分割されているかぎり,人間自身の仕業が彼にとって或るよそよそしい対立する力となり,彼がそれを支配するかわりにそれが彼を抑圧するということのまさに最初の例を,われわれに示している」（MEW 3：33/29）．

疎外とは,人間どうしが労働の分割によって分断された結果,人間の生み出したものが人間に対立して人間を抑圧するような事態である．よって人間の行為が原因となっていない場合は,疎外とはいわない．たとえば,恐慌の原因は人間の経済活動にあるから,それは疎外の一種であるが,天災を唯一

の原因とする飢饉は疎外ではない.

マルクスはこの定義を基礎にして,疎外の四つの規定を演繹した.すなわち,①労働生産物からの疎外,②労働からの疎外,③類的本質からの疎外,④人間からの疎外である(MEW 40:516-18/436-38).

若干の注意を述べておく.①は,搾取論の観点から,労働者が自らの生産物を所有できないことを意味するという説明がしばしばなされるが,それは不正確である[11].疎外とは,より広く,労働者が生産した物が労働者を抑圧するような状況を意味する.それがゆえに①をもたらす行為たる労働も疎外されていることになるのである.これが②である.③の類的本質については,人間の共同的本質のことではなくて,人間に共通するそれ以外の本質,たとえば自由な意識的存在とする理解もある[12].しかし,このように捉えてしまうと,人間の活動が分割されているという疎外の重要な契機が,四つの疎外の規定から欠落することになってしまうので,これは受け入れがたい.たしかに④はある人間とほかの人間の分裂を述べているが,それでは人間の本質が共同性にあることまでは含意されていない.よって③は人間の共同的本質として理解するべきである.

以下,いかなる労働が廃棄されるべきとマルクスは考えたのかを検討しよう.廃止される労働とは,先に定義された労働のうちいずれであろうか.真っ先に考えられるのは,廃止される労働とは資本主義社会における賃金労働L1であるという見解である.彼は『賃金,価格,利潤』で次のように論じる.「『公正な一日の労働に対して公正な一日の賃金を!』という保守的なモットーのかわりに,彼らはその旗に『賃金制度の廃止!』という革命的な合言葉を書きしるすべきである」(MEW 16:152/154).

資本家が労働者を雇用する資本主義では,労働者が労働力を提供し,資本家がそれに対する報酬として賃金を支払う.資本主義が廃止されればこのような仕組みがなくなる.よって賃金を得るための労働は廃止される.マルク

ス主義者は資本家による剰余労働の搾取に批判を集中してきたのだから,賃労働を廃止することはマルクス主義者による最低限の要請となろう.

次に考えねばならないのは,市場経済における労働L2,正確には資本主義を廃止した市場経済における労働L2－L1を廃棄するべきかどうかである.ソ連型社会体制の失敗を経験した現在,資本主義社会は廃止するべきだが,市場経済を完全に廃止することは不可能であるという見解は,マルクス主義者の中でも有力である.この立場からすればL1は廃止するべきだがL2－L1は存続せざるをえないことになる.ではマルクスはどう考えたか.彼はL2－L1も廃止するべきだと考えた.「労働が労働者にとって外的であるというあり方は,それが彼自身のものではなくて,他人のものである点,それが彼には属さない点,彼が労働において彼自身には属さないで他人に属する点にあらわれる」(MEW 40：514/435).

マルクスは『資本論』第1部第1章「商品」において,「共同の生産手段で労働し自分たちのたくさんの個人的労働力を自分で意識して一つの社会的労働力として支出する自由な人々の結合体」(MEW 23：92/105)では,経済システムは「人間の意識的計画的な制御」(MEW 23：94/106)におかれ,市場経済は廃絶されると考えた.その理由の一つは労働が,自分が使用するためではなく,他者の使用のためになされることにある.それはいまだ疎外された労働なのである.

私有財産制下の自給自足経済における労働L3では,労働によって得られる生産物は労働した者に所属し,生産は他者ではなく自分の欲求を満たすためになされているから,この点でL1やL2よりは疎外の度合いが少ない.しかし,L3は私有財産制を前提とするから,労働によって得られた生産物もまた直接生産者の私的所有となる.「私的所有は分析すれば,外在化された労働,すなわち外在化された人間,疎外された労働,疎外された生活,疎外された人間の概念から生じるのである」(MEW 40：520/440).よってL3

は社会から切断された個人的な行為である．

『経済学・哲学草稿』の疎外論は，資本主義社会を前提にしており，私有財産制における自給自足経済を直接の対象としたものではない．しかし，私的所有が疎外された労働から生み出されるという点では，自給自足経済の労働と資本主義社会の労働は同様であり，前者はむしろ疎外された労働を純粋なかたちで表現する．私的所有の根底にあるのは，自分の身体とそれを駆使した労働によって得られたものは自分のものであるという自己所有権原理である．この原理は人間の類的生活の否定の上に成り立っており，それゆえ廃棄されることになる．

社会主義社会の貢献原理における労働 L4 について．生産手段が社会的所有となった社会主義社会では，労働者はそれぞれ自分の貢献した労働に比例した消費財を受け取る．ここでは自分の身体とそれを駆使した労働は自分のものであるという自己所有権原理が，労働できない者のための消費財があらかじめ控除されている点では不完全であるが，適用される．いうまでもなく自己所有権原理は私的所有の根源であって疎外された原理であり，次の（狭義の）共産主義社会では廃棄される．

このように L1 から L4 までは，疎外論の観点から廃棄されるべき労働と位置づけられる．

4　『資本論』における「労働日の短縮」

（狭義の）共産主義社会の必要原理における労働 L5 は，「各人がその能力に応じて」提供する労働である．この社会ではすでに「諸個人の全面的な発展にともなって，またその生産力も増大し，共同的富のあらゆる泉がいっそう豊かに湧きでるように」なる（MEW 19：21/21）．人間は自然との物質代謝を通じて社会を支えるために必然的に労働に携わらねばならない．（狭義

の）共産主義社会では生産力の増大によって，直前の社会主義社会よりも労働の必然性はいっそう小さくなっている．とはいえ物質代謝に携わる人間の労働が完全になくなるわけではない．それが「第一の生命欲求としての労働」である．この労働は，いっさいの抑圧から解放された労働であり，疎外のない労働である．よって疎外論の観点からすれば，L5は廃棄されるべき労働ではない．ここにおいて人間本質としての労働が実現したようにみえる．

　しかしマルクスは冒頭で見たように，『資本論』第1部第48章「三位一体的定式」において同じ物質代謝論の観点から「労働日の短縮」を展望する．

　「じっさい，自由の国は，窮乏や外的な合目的性に迫られて労働するということがなくなったときに，はじめて始まるのである．つまり，それは，当然のこととして，本来の物質的生産の領域のかなたにあるのである．未開人は，自分の欲望を充たすために，自分の生活を維持し再生産するために，自然と格闘しなければならないが，同じように文明人もそうしなければならないのであり，しかもどんな社会形態のなかでも，考えられるかぎりのどんな生産様式のもとでも，そうしなければならないのである．彼の発達につれて，この自然必然性の国は拡大される．というのは，欲望が拡大されるからである．しかしまた同時に，この欲望を充たす生産力も拡大される．自由はこの領域のなかではただ次のことにありうるだけである．すなわち，社会化された人間，結合された生産者たちが，盲目的な力によって支配されるように自分たちと自然との物質代謝によって支配されることをやめて，この物質代謝を合理的に規制し自分たちの共同的統制のもとに置くということ，つまり，力の最小の消費によって，自分たちの人間性に最もふさわしく最も適合した条件のもとでこの物質代謝を行うということである．しかし，これはやはりまだ必然性の国である．この国のかなたで，自己目的として認められる人間の力の発展が，真の自由の国が，はじまるのであるが，しかし，それはただかの必然性の国をその基礎としてその上にのみ花を開くことができるのであ

71

る．労働日の短縮こそは根本条件である」(MEW 25：828/1051)．

（狭義の）共産主義社会において労働が「第一の生命欲求」になったにもかかわらず，なぜそれは短縮されねばならないのか．資本主義社会から社会主義社会にかけては，労働は基本原理であるが，（狭義の）共産主義社会が生産力を発展させる過程で，労働は本質としての地位を失う．自然と人間の間の物質代謝を媒介する労働は，資本主義社会を含むそれ以前の社会では不可欠の条件であったが，（狭義の）共産主義社会で生産力が十分に発展した段階では，労働は不可欠の条件ではなくなるのである．「必然性の国」から「自由の国」への移行は，生産力の発展によって条件づけられる．生産力の発展こそが労働を不要にする．しかし，労働が技術的に不要になることから，労働を削減するべきだという判断を導出することはできない．労働が技術的に不要になっても，労働が望ましい活動であるならば，それを従来どおり継続してもよいはずである．にもかかわらずマルクスは労働日の短縮を期待した．したがってこれは事実認識の問題ではなくて価値判断の問題である．そこには労働よりも自由時間の活動のほうをより高く評価する根拠がある．

第一は，文字どおり必然と自由の相違である．労働は自然と人間の間の物質代謝のための必然性のもとで拘束された活動である．それは「労働の解放」を通じて，生命の第一欲求にもなりうる．しかし，労働はあくまで物質代謝という目的を達成するための活動であるから，決してこの目的を離れた自由な活動にはなりえない[13]．

第二は，労働と遊びの相違に関わる．労働は真剣な全力を振り絞った活動であるが，遊びはより弛緩した営為である．マルクスによる労働と遊びの区別を根拠にして，彼が労働をより尊重していたという理解がありうるが，むしろ逆である．真剣な全力を振り絞った活動としての労働は，人間の労働力を大きく消耗させるのであり，内的自然としての人間にとってストレスを与える．その極端な状況が過剰労働や過労死である．そのような労働はできる

だけ少ないほど望ましい.

　第三に，自然との物質代謝としての労働は生産を促進することを通じて外的自然に対する搾取＝利用の度合いを高める[14]．それはやがて自然環境破壊へと繋がり，最終的には人間主体への災難となって帰結する．（狭義の）共産主義社会は必要に応じて分配される社会であり，人々の自由な活動により一定程度の必要が満たされれば，労働は不要となる．これによって搾取＝利用が抑制される．

　第四は，自然と人間の共生という視点である．たしかに自然と人間の共生は，物質代謝における労働・生産・消費といった経済活動の中でも可能である．しかし，むしろそれらの経済活動による媒介を超えた次元で，自然を開発の対象ではなくて共存の対象とすることを通じて，自然と人間の共生は本格的なものとなる．そこでは人間は自然の中で再び「受動的な，制約され制限された存在者」（MEW 40：578/500）となる[15]．（狭義の）共産主義社会は経済活動を抑制することによって，自然と人間の共生を促進する．

　これらが，Ｌ５が廃棄されるべき根拠である[16]．よって労働のうち廃棄されるのは，Ｌ１からＬ５まですべてである．廃棄される労働には疎外された労働Ｌ１〜Ｌ４にとどまらず，Ｌ５も含まれる．だからこそマルクスは次のように労働の廃棄を訴えたのである．「プロレタリアたちは人としての値うちを獲得するために，彼ら自身の従来の生存条件——それは同時に従来の社会全体の生存条件でもある——，すなわち労働を廃めにしなければならない」（MEW 3：77/73）．

　ここでは「従来の社会全体の生存条件」たる労働が廃棄されねばならないとされている．従来は労働が物質代謝を通じて社会全体の存続を支えていた．しかし，（狭義の）共産主義社会では自由時間における自由な活動Ｆ１が物質代謝を担い，社会の存続を支えるようになるから，労働は不要になる．マルクスはＬ１〜Ｌ４のような疎外された労働については，それがＬ５のよう

な疎外されない労働になること，すなわち「労働の解放」を望んだ．しかし，生産力が十分に発展し，技術的な条件が整うならば，L5という労働がF1という自由気ままな活動に変換することを望んだのである．

自由時間における余暇F2は1日24時間からこうした活動的な時間のF1を除いた部分である．ただし，ここでも活動と余暇の区別はほとんどないだろう．狩りも魚つりも，ゆったりと楽しみながら，休んだりのらりくらりしながら行われるだろう．したがって，F2よりF1のほうが優越するというような両者間の価値的高低関係は一切ない．自由時間の本質がやりたいことを好きなようにしてよい点にあるとすれば，F2の何もしない怠惰な時間はF1と同程度の重要性を有する[17]．このように（狭義の）共産主義社会が発展するにつれて，L5がF1またはF2へと変化すること，すなわち「労働からの解放」が展望されていたのである．

L1〜L4のような疎外された労働については，それがL5のような疎外されない労働になること，すなわち「労働の解放」が追求される．しかし，生産力が十分に発展し，技術的な条件が整うならば，L5という労働が自由気ままな活動であるF1，もしくは何もしない怠惰な時間F2に変換すること，つまり「労働からの解放」が指向されたのである[18]．

5　人間本質としての労働

このようにマルクスの社会発展論では，共産主義社会において労働が短縮され，さらに廃絶されることが期待されていた．しかし，他方でマルクスは，労働が人間にとって本質をなすという労働本質論を示唆する文言も多く残している．それゆえマルクス主義者には労働本質論が根強い[19]．

その根拠として第一にあげられるのは物質代謝論である．物質代謝を根拠とする議論は生産と労働を不可分のものとして結合させようとする．物質代

謝という経済活動が人間にとって普遍的である以上，そのための労働も人間に普遍的であり本質的である．この議論は，たしかに唯物論的な側面から人間と労働の関係を捉えており，その点でマルクス主義的な響きをもっている．マルクスは『経済学批判』で次のように述べている．

「自然なものをなんらかの形態で取得するための合目的活動としては，労働は人間存在の自然条件であり，人間と自然とのあいだの物質代謝の，すべての社会的形態から独立した一条件である．これに反して，交換価値を生み出す労働は，労働の独特な社会的一形態である」(MEW 13：23-24/22)．交換価値を生み出す労働は，資本主義社会を含む市場経済に特殊な形態であるが，使用価値を生み出す労働はいかなる社会にも共通する一般的な形態である．人間も動物の一種である以上，何らかの財を消費せねばならず，そのためには自然から財を生産するための労働が不可欠である．よって労働は人間にとって本質的な要素であると，マルクスは訴えているようにみえる．

筆者は『経済学批判』における「すべての社会的形態」は，資本主義社会とそれ以前のすべての社会的形態であると理解するべきだと考える．そこではたしかに労働は物質的必要のための労働は不可欠であった．しかし，共産主義社会の生産力が十分に高まった段階では，物質的生産のために意識的に労働する必要はなくなる．この段階では労働はなくなるが，もちろん生産は存続するのであって，それを担うのは自由時間における高度な活動Ｆ１である．人々は自発的な活動を通じて財を生産し，サービスを提供する．つまりこの社会では労働のない生産が可能となる．よって物質代謝の普遍性から労働本質論を導くことはできない．

（狭義の）共産主義社会であっても人間の生存のためにはＦ１だけでは不十分であり，Ｌ５が必要であるという議論があるかもしれない．一歩譲ってたとえそうであったとしても，労働本質論を導出することはできない．Ｆ１だけでは不十分であり，Ｌ５が必要であるという仮定をおく．ここでもし離

れ小島で一人きりで生きていかねばならないロビンソン・クルーソーのような状況であれば，たしかに彼は自ら労働せねば生存できないであろう．だが，孤立した個人のケースから類的存在としての人間についての真理をつねに導出できるとはかぎらない．社会の中には労働する者もいるし，そうでない者もいる．いかなる社会にも児童・高齢者・病人・障害者など労働に困難を伴う人々が一定の割合で存在する．この人々にとって労働は本質的ではない．したがって物質代謝にとって労働が必然であると想定した場合であっても，そこから労働本質論を導出することはできない．

　第二に，マルクスは『資本論』第1部第5章「労働過程と価値増殖過程」において，労働が合目的な活動であることを指摘する．「労働者は，自然的なものの形態変化をひき起こすだけではない．彼は，自然的なもののうちに，同時に彼の目的を実現するのである．その目的は，彼が知っているものであり，法則として彼の行動の仕方を規定するものであって，彼は自分の意思をこれに従わせる」(MEW 23：193/234)．自然と人間の間の物質代謝としての労働においては，人間はほかの動物と異なり，法則的な認識に立脚して自己の目的を達成しようとする．たしかにこれは労働に普遍的にみられる本質的な要素である．しかし，これは労働の本質的な要素ではあっても，人間に本質的な要素ではない．なぜなら人間の中には労働しない者もいるからである．

　しかもマルクスは労働が合目的な性格をもつがゆえの限界をも指摘する．彼は先の文言に続けて次のように述べる．「労働する諸器官の緊張のほかに注意力として現れる合目的的な意志が労働の継続期間全体にわたって必要である．しかも，それは，労働がそれ自身の内容とそれの実行の仕方とによって労働者を魅することが少なければ少ないほど，したがって労働者が労働を彼自身の肉体的および精神的諸力の自由な営みとして享楽することが少なければ少ないほど，ますます必要になるのである」(MEW 23：193/234)．マルクスは労働と遊びの区別を明確につけていた．ここでも労働における合目

的性格は緊張と注意力を要するとしている．そしてそれは労働の自由な性質と魅力が少ないことに比例するというのであり，労働の合目的性格と自由で魅力的な性格は対立的に論じられている．労働の合目的性格は人間にとって本質的な要素ではない．

　第三に，マルクスは労働の社会的性格を強調する．「生産のさいに，人間は，自然にたいして関係するだけではない．彼らは，一定の仕方で共同して活動し，その活動を相互に交換しなければ，生産できない．生産するために，彼らはたがいに一定の関係やつながりを結ぶが，こうした社会的な関係やつながりの内部ではじめて，彼らと自然との関係がおこなわれ，生産がおこなわれるのである」(MEW 6：407/403)．労働は自然と人間の物質代謝を媒介するだけでなく，人間と人間の間の社会関係を媒介する．人間による労働の特徴は，それが単独の個人によってなされるのでなく，つねに社会的な共同関係の中でなされるという点にある[20]．

　しかし，マルクスは人間の社会的活動を労働に限定するわけではない．「この段階においてこそ自己表出は物質的生活と一致するのであって，このことは個人の，全体的個人への展開およびあらゆる自生性の剥奪に対応し，そしてさらには労働の，自己表出への転化と，従来の制約された交通の，個人としての個人の交通への転化とがお互いに符合する」(MEW 3：68/64)．諸個人が私的所有と分業によって分断された社会では，自己表出は労働にのみ限定され，諸個人の間の交流は制約されたものだったが，生産手段が社会的に所有された共産主義社会においては，労働が純粋な自己表出という活動に転化することによって，個人と個人の交流は全面的となる．ここでは労働と純粋な自己表出が個人間の交流の範囲という観点から比較され，前者よりも後者のほうが優れているとされる．

　第四は，自己実現としての側面である．「外的な諸目的は，たんなる外的自然必然性という外観をぬぎすてた状態にあって，個人自身がはじめて措定

する諸目的として措定されるのだということ，——したがってそれらの目的は，主体の自己実現，対象化として，それゆえに実在的自由として措定されるのだということ，——そしてこの実在的自由の行動がまさに労働なのだということ，——これらのことにA・スミスは同様に気づいていないのである」(MEGA Ⅱ 1（2）：499/2：339-40)．A・スミス（[1776] 1979）は，労働を「労苦や煩労」であると消極的にのみ捉えた（30/1：151)．労働はつねに外的自然的必然性に制約された活動である．人間はその外的な目的を自分自身の目的として措定しなおし，その枠内で自己実現を達成する．労働にはこのような積極面がある．

　たしかにマルクスは労働が合目的な活動を通じて，自己実現ないし自由の享受を可能にするとしている．しかしそれは労働にもある程度は自己実現ないし自由という側面があるというだけであって，労働のみがそれらを可能にすることを意味しない．労働のもつ自己実現としての性格は，労働が自由な活動になったとき，いっそう開花する．資本主義社会における富の追求が，労働の生産力を発展させ，豊かな個体性を伸ばすための物質的要素を準備する．「豊かな個体性は，その消費においても生産においてもひとしく全面的であり，したがってまたそれの行う労働が，もはや労働として現れることはなく，活動それ自体の十全な展開として現れるのであって——しかもこの活動においては，自然的欲求にかわって一つの歴史的に生み出された欲求が登場しているから，直接的形態をとった自然的必然性は消滅しているのである」(MEGA Ⅱ 1（1）：241/1：398)．豊かな個体性は消費・生産のいずれにおいても全面的となり，欲求も自然的なものから歴史的なものへと変化する．ここでは労働と活動が，対象とする範囲という点から比較され，やはり後者のほうが全面的であるとして高く評価されている．マルクスは，物質的生活に限定される労働よりも全面的な広がりをもつ人間的活動を優れたものと捉えていた．

（狭義の）共産主義社会の労働は疎外された労働ではなく，「第一の生命欲求」となった労働である．しかし，物質代謝の普遍性から労働本質論を導くことはできない．合目的性は労働の本質であっても，人間の本質ではない．社会的共同と自己実現はたしかに人間の本質と呼びうる性質ではあるが，労働に限定されるわけではないし，むしろ労働から解放された自由な活動においてこそ，これらの享受はいっそう可能になる．労働は自由な活動と比べれば，社会的共同や自己実現の面でいまだ制約されているがゆえに，労働の短縮さらには廃棄が指向されたのである．

6　マルクス主義と労働

マルクスは最終的には労働が短縮され廃絶されることを期待していた．にもかかわらず労働が物質代謝，合目的性，社会的共同，自己実現にとって果たす積極的役割を彼は強調した．マルクスはなぜ結局は廃棄されるべき労働の中に積極的な側面を見出そうとしたのか．この問題を解き明かすには，彼の史的唯物論における規範的理念の位置づけを確認しておく必要がある．松井（2012）では，自由・平等・所有・功利・正義といった理念が，社会主義ではなく自由主義の原理であること，だが社会主義者は資本主義社会においてはそれを自明の原理として受容し，それに立脚して資本主義社会の変革を遂行すること，これがマルクス主義的な社会変革の方法であることを示した．もっとも鮮明なのはマルクス主義の中核をなす搾取論である．これは労働者が作ったものを資本家が搾取したという批判である．そこでは自己所有権原理というブルジョア的原理に立脚して資本主義的搾取が論駁されている．この方法をマルクス主義と労働の関係についても適用することができる．

労働については，これまでみてきたように疎外された労働L1～L4と疎外されていない労働L5の二種類があった．よってこれら二種類の労働概念

については異なった扱いが必要である．まず疎外された労働については，松井（2012）の方法がそのまま適用できる．この意味での労働はそこで扱った五つの理念すなわち自由・平等・所有・功利・正義のうち，とくに所有との結びつきが強い．すなわち『経済学・哲学草稿』で論じられているように，疎外された労働は私的所有と表裏一体の関係にある．それは資本主義的な経済構造を土台として必然的に現れる上部構造の一つである．自らの労働を駆使して得られた生産物はその当人のものであるという自己所有権原理は，疎外された労働の概念と一体である．マルクスが搾取論において自己所有権原理に立脚していたことは，疎外された労働の概念をも前提にしていたことを意味する．資本主義社会の上部構造では所有とともに疎外された労働も本質的な地位を獲得する．それがゆえにマルクスはL1〜L4をそれが疎外されているにもかかわらず，人間に本質的な労働として論じたのである．

　では疎外されていない（狭義の）共産主義社会の労働L5については，どのように考えたらよいのか．この労働L5は疎外されていない労働だから，松井（2012）の方法を直接に当てはめることはできない．しかし，最終的には廃絶されるべきという点では同じ論理を適用することができる．（狭義の）共産主義社会の前期では労働は「第一の生命欲求」として実在し，人間本質としての地位を一時的には占める．しかし，それは共産主義社会の発展とともにその地位を低下させていき，自由時間の活動や余暇に本質的な地位を譲り渡す．労働が普遍的な人間本質であるかのようなマルクスの叙述は，（狭義の）共産主義社会の前期までを念頭においているものと考えられる．

　マルクスの労働をめぐる文言も，いかなる社会を想定するのかによって内容が変わってくる．資本主義社会において搾取を批判する際には，自己所有権原理を前提とした，すなわち疎外された労働概念が採用される．疎外された労働を批判する際には，（狭義の）共産主義社会の疎外から解放された労働が基点とされる．そして労働そのものを克服するべきであると主張すると

きには，労働そのものから解放されて人々が自由時間を享受する社会が想定される．マルクスの労働についてのスタンスは，このように社会体制の発展段階に応じて異なる．

　マルクスの批判＝変革の方法は，超越主義ではなくて内在主義である．現存する社会の矛盾を解決するための理念的基準は，いかなる社会にも普遍的に妥当するような超越的理念ではなくて，その社会の経済構造に照応した上部構造に求められる．資本主義社会に生きるわれわれにとっての優先問題は「労働の解放」であり，そのために疎外のない労働が人間本質のように提示される[21]．しかし，それはあくまでも資本主義社会の中で通用する批判＝変革の方法である．共産主義社会では「労働からの解放」こそが中心課題となるのであって，この観点からすれば労働は人間本質ではない．アレントには史的唯物論のような社会発展論がないので，このような思考法が理解できなかった．これがアレントの疑問に対する本章の回答である[22]．

注
1）21世紀先進資本主義国におけるこのような構造変化については，宇仁（1999）を参照．
2）たとえば Latouche（2010），広井（2001），ラミス（2000）を参照．
3）Goodin（2001）を参照．
4）百木（［2014］2018）を参照．
5）同様な疑問を呈する見解としてはほかに，杉原（1973, 131）がある．
6）自己所有権原理とは次の命題である．「各人は自分の身体と能力の道徳的に正当な所有者であって，それがゆえに各人は他者に対してその能力を攻撃的に用いないならば，好きなように行使する自由を（道徳的に言えば）有する」（Cohen 1995, 67/95）．
7）労働と自由な活動の区別についての厳密な検討としては，高田（1988, 1989, 2010）がある．高田は自由な活動を「精神的，文化的活動」に限定する．筆者は『ドイツ・イデオロギー』の「心のおもむくままに」なされる生産活動も含めて理解する．
8）今村（1981）は，『ドイツ・イデオロギー』でマルクスがC・フーリエに関心をもっ

ていたことに着目し，フーリエの「楽しい労働」に関わって次のように論じる．「対象化活動としての労働は，それ自体で，快楽に転化するわけではない．対象化としての労働が快楽（プレジール）に転化する，あるいは労働と快楽が相寄りひとつになるには，もう一つの労働の働きが必要である．もうひとつの労働とは，対象化ではなく非対象化としての労働，アソシアシオンとしてのひきつけあう力，ないし社会関係である」(258)．今村は本章の用語法で言えば，L5とF1がかぎりなく等しいものになっていることを強調しており，その点に限って言えば筆者も賛成である．しかしF1も労働としてしまうと，マルクスのいう「労働の廃棄」の意味が不明になってしまう．それがゆえにマルクスも労働と遊びの相違を強調したのだと筆者は理解する．よって「非対称化労働」という今村の規定には首肯しがたい．

9) この共産主義社会の描写において，マルクスは労働の分割すなわち分業を否定する．ただし分業の否定は「全面的に発達した個人」(MEW 23：512/634) を要請するわけではない．この社会では諸個人はそれぞれ好きなときに好きなことをすればよいのであって，あらゆることができるような人間をめざす必要はない．この点について青柳（2012）を参照．

10) 自由時間における高度な活動を含めて余暇と呼ぶこともできるが，ここでは狭く，高度な活動を除いた部分と定義する．

11) 搾取論は自己所有権原理に立脚しており，この原理は（狭義の）共産主義社会の観点からすれば疎外されている．（松井2012，第3，4章）を参照．内田（2005）は，本章の核心となる自由時間について深く掘り上げた労作である．そこでは次のように述べられている．「資本が独占する剰余労働を万民の自由な個性の発展のために利用すべき自由な時間として奪回するならば，彼の労働の生産物の処分権をわがものとして労働疎外から回復する」(352)．たしかに労働生産物の処分権を取り戻すことによって疎外の程度は小さくなるが，自己所有権原理に囚われている点では疎外から完全に回復したとはいえない．

12) たとえば沢田（2006）を参照．

13) ここから自由こそがマルクス主義における最高理念であるとする議論もありうるが，筆者はそのようには考えない．松井（2012）で述べた三つの自由のうち，「自由の国」における自由とは，制御的自由でも人格的自由でもなく共同的自由に該当する．よってそれは制限された自由である．

14) マルクスの搾取概念を自然の利用という観点から分析した研究として，山口（2013）を参照．

15) この点を強調するのは山之内（2004）であり，同感である．ただし，山之内が『経済学・哲学草稿』「第三草稿」の「初期マルクス」と『資本論』の「後期マルクス」の間に断絶を見いだす点については同意できない．
16) L5も廃棄されるべきであるというのならば，それは疎外された労働であるという議論もありえよう．しかし，本章では上述のような疎外の定義を採用するので，L5は疎外された労働からは除外した．
17) フランスの社会主義者P・ラファルグ（[1880] 2016）は，次のように「怠ける権利」を訴える．「自然の本能に復し，ブルジョワ革命の屁理屈屋が捏ね上げた，肺病やみの人間の権利などより何千倍も後期で神聖な，怠ける権利を宣言しなければならぬ．一日三時間しか働かず，残りの昼夜は旨いものを食べ，怠けてくらすように努めなければならない」(38/37).

　マルクスは，娘婿であるラファルグのこの著作に対して一切のコメントを残していない．その理由を筆者は次のように推察する．共産主義社会においては怠惰な生活が拡大するだろうという構想の点では，マルクスとラファルグは一致していたと思われる．ラファルグはそこからさらに怠惰を資本主義社会における労働者の権利としても提唱した．この戦略がマルクスと異なってくる．マルクスは史的唯物論に立脚して，資本主義社会においては生産と労働を重んじる上部構造が支配的であると考え，それを尊重したうえで共産主義社会への移行を追求した．ラファルグは資本主義社会においてすでに怠惰という共産主義的な上部構造が形成可能だと考えたのである．彼の見解は史的唯物論とは相入れないと，マルクスには映ったのであろう．マルクスにとっても怠惰はたしかに共産主義社会の描写ではあるが，それは目的として設定されるものではなくて，あくまでも生産力の向上と生産手段の社会的所有という土台の変化によってもたらされる結果なのである．

　ラファルグと同様に怠惰を礼賛したのが，B・ラッセル（[1935] 1963）の『怠惰への讃歌』である．彼は社会主義者を自認するが，ソ連型社会体制のように労働を徳とみなす社会主義を批判して次のように主張する．「教育を現在一般の状態よりも一層進歩させ，ひまを賢明に使わせる趣味を幾分か与えることを，教育が目指さなければならないのが，かような四時間労働という社会制度の一つの重要な使命である」(19/28-29)．ラッセルはラファルグよりもさらに踏み込んで労働者大衆に閑暇の使い方を教育しなければならないという．ソ連型社会体制のように労働を徳とみなすことは間違っているが，だからといって怠惰を徳とみなしてそれを上から教育するのも，道徳主義という点でソ連型社会体制と同じ轍を踏んでおり，少なくともマルクス派の唯物論的な姿勢とは異なる．

18) Kymlicka（[1990] 2002）は次のようにマルクスの完成主義を理解する．「マルクスの場合には，われわれに固有の卓越性とは自由な創造的・共同的生産の能力であると言われている．こうした能力を妨げるように生産するならば，真の『類的本質』から『疎外』されることになる」(190/278)．キムリッカはこのように理解したうえで，マルクスの完成主義では生産労働以外の価値が排除されてしまうので，ライフスタイルの自由を尊重する自由主義と相入れないと論じる．マルクスの共産主義社会における人間像は一種の完成主義に立脚すると筆者は考えるが，それは本章で論じてきたような遊びや怠惰を含んだ人間的完成である．キムリッカはマルクスを誤解したうえで批判している．
19) 労働本質論については，有尾（1994a，1994b）を参照．
20)「マルクスは相互行為と労働の連関を本格的に説明せず，社会的実践というあいまいな名称のもとに一方を他方に，つまり意思疎通の行動を道具を用いた行動に還元している．……この道具を用いた行動がすべてのカテゴリーをうみだす模範となり，一切は生産の自己運動に解消されるのだ」(Habermas 1968, 45-46/40)．ハーバーマスによれば，マルクスの労働概念は生産と交通の両面から捉えられているものの，交通は目的合理的な生産に従属しており，生産から独立した相互行為としての側面が欠落している．しかし本章で述べてきたように，マルクスは交通を生産と労働に還元するわけでなく，むしろそれらを超越した領域に，より自由な交通ないしは相互行為が可能になると考えていた．よってハーバーマスの批判は成功していない．
21) このことは資本主義社会において「労働からの解放」の課題を棚上げにするべきだということを意味しない．
22) 本章では，筆者がマルクスのテキストから読み取りうるかぎりでの理解を示した．しかし筆者は，マルクス主義を現代に生かすためには，マルクスのL5についての規定を，彼の理論体系に抵触しないかぎりで変更するべきであると考えている．上述のようにマルクスは，（狭義の）共産主義社会の前期では物質代謝の必然性から解放されていないがゆえに，L5が必要であると考えた．これは彼が資本主義社会から社会主義社会を経て（狭義の）共産主義社会に入っても，さらなる物質的生産量の増大という意味での生産力の発展が必要であると考えていたからである．しかし，今日の科学技術の到達と自然環境問題の現状を考慮するならば，生産量の増大は資本主義社会が終焉する時点ですでに共産主義社会を実現するのに十分な次元に達しており，しかも自然環境問題を悪化させるに及んでいる．よってさらなる生産量の増大は不要かつ不適切である．とすれば共産主義社会ではその当初から，必然性に規定された労働L5を無くすべきである．

第4章　所有・労働・生産手段

1　問題の所在

　本章の課題は，マルクス主義における所有概念の位置づけを，労働と生産手段の所有との関係において考察することにある．K・マルクスは『資本論』第1部第4章「貨幣から資本への転化」でフランス人権宣言の標語を「自由，平等，所有，そしてベンサム」とからかって表現する（MEW 23：189/230）．ここで批判されている所有は何か．マルクスによれば共産主義の特徴は，「所有一般」を廃止することではなくて「ブルジョア的所有」すなわち私有財産を廃止することである（MEW 4：475/488）．私有財産制度のもとでは生産手段を所有する有産者は，資本家として労働者の生産した剰余価値を搾取し，それによって自らの私有財産を増加させる．労働者が受け取る賃金は生活に必要な消費財を購入できる金額に限定されるので，彼らは永遠に無産者のままである．社会主義者はそれゆえ生産物が私的に取得される資本主義社会を批判し，生産物の社会的所有を提唱する．二大生産要素は労働力と生産手段からなる．そこで生産物の所有に関するマルクスの理論は，二つに大別される．

　一つは，生産物を所有する権原は労働にあるとする労働所有論 TL（Theory of Labor）である．マルクスによる資本主義への批判と共産主義社会の構想は，TL を根拠とする．領有法則の転回論が前提とするのは，商品交換の法

則としての自己労働に基づく所有である．労働者が自らの労働で生産した剰余価値を資本家が搾取しているという搾取論は，労働者が生産物の正当な所有者であることを条件とする．社会主義社会における貢献原理でも，人々は提供した労働に比例した分配を受け取る．（狭義の）共産主義社会では労働は初めから社会的に支出されるから，生産物も初めから社会的生産物であり，集団としての労働者が生産物を取得する．

　もう一つは，生産手段の所有こそが生産物を所有する権原を与えるという生産手段所有論 TOMP（Theory of Ownership of the Means of Production）である．マルクスは『ゴータ綱領批判』でラッサール派の労働全収権論を批判した．本源的所有において成員が生産物を取得できるのは，彼らが労働を提供したからではなくて生産手段の所有者だからであると，マルクスは主張する．共産主義革命の目標は生産手段を社会的所有に転化することであった．この社会では労働時間は短縮され，最終的には労働は廃絶されるから，労働は生産物を取得する根拠にはなりえない．

　マルクスは一方で TL を用いながら，他方で TOMP を用いる．彼の姿勢は矛盾するように見える．そこで以下ではマルクスの思想体系における，これら二つの理論の関係を考察する．第2節では，所有と労働の定義を与える．第3節では，マルクスが TL を用いた議論を検討する．第4節では，マルクスが TOMP を用いた議論を分析する．第5節では，マルクスが一方で TL を用いながら，他方で TOMP を用いる理由を解明する．

2　所有と労働の定義

　この節では本章で用いる概念の定義を明確にしておく．まず主体が客体を所有するとは，主体が客体を自由に使用かつ処分しうることである．マルクスが自由な賃金労働者を形容するときに用いる「無所有」（MEGA II 1

(2):405/2:159)とは,労働者という主体がいかなる生産手段も所有していないことである.本章では無所有は,客体が誰にも所有されていないという意味ではない.所有の主体によって所有を分類すると,私的所有と社会的所有に二分される.私的所有とは客体がある主体によって排他的に所有されることである.社会的所有は客体が個人によって私的に所有されるのではなく,ある社会集団によって所有されることである.

S・プーフェンドルフ([1688]1964)は,社会的所有を消極的な社会的所有と積極的な社会的所有に分類した.筆者は彼の分類を採用する[1].社会のある成員が消極的な社会的所有物を使用かつ処分する際に,ほかの成員の同意を得る必要はない.マルクスは「個人的所有」という概念をしばしば用いる(MEW 23:791/995).個人的所有とは消極的な社会的所有のことである.それは社会的所有ではあるが,諸個人がそれを自由に利用できる[2].社会のある成員が積極的な社会的所有物を使用かつ処分する際には,ほかの成員たちの同意を得ねばならない[3].消極的な社会的所有と非所有は概念的に近いが,一つ異なる点がある.前者は当該社会集団外部の個人の使用に制限を加えるのに対し,後者はその制限がない.

所有を客体の観点から捉えると,生産物・生産手段・労働力に区別できる.最終的にそしてもっとも重要なのは,誰が生産物を取得するかである.生産物が私的所有であるときは,所有者はそれを排他的に処分しうる.生産物が社会的所有であるときは,社会の全員が生産物を所有する.生産物が消極的な社会的所有であるときは,人々は自由にそれを利用してよい.たとえば道路のような公共財は消極的な社会的所有である.生産物が積極的な社会的所有であるときは,人々の同意が必要である.社会的に生産された公共住宅の利用には,社会的な許可を得ねばならない.

生産手段の私的所有とは,工場などの生産手段を個人が排他的に所有することである.生産手段の消極的な社会的所有は,個人が生産手段を自由に利

用しうることである．この場合にはたとえば諸個人は，成員の許可を得ることなく羊に草を食べさせてよい．生産手段の積極的な社会的所有では，社会集団のある成員が客体を使用かつ処分する際に，ほかの成員の同意が必要である．この場合にはたとえば羊に草を食べさせる分量について，共同体から同意を得なければいけない．

　社会主義者たちは生産手段の所有については共通了解があるが，労働力の所有については共通了解がない．労働力が私的所有物であるときは，所有者は自らの労働力を他者の同意を得ずに自由に処分しうる．労働力が社会的所有物であるときは，諸個人が労働力をどのように使用するかを社会が決定する．労働力が消極的な社会的所有の状態にあるときは，形式的には労働力をどう使うかは社会が決定するのだが，実際に労働力をどう利用するかは個人の自由に委ねられる．労働力が積極的な社会的所有の状態にあるときは，諸個人がどのように労働力を使用するかを社会が判断する．

　生産の社会化とは「数多くの分散的な生産過程が一つの社会的生産過程に融合する過程」（富沢 1974，61）である．生産の社会化は生産手段の社会化と労働の社会化から成り立つ．生産手段の社会化は生産の社会化における「生産手段の使用形態の変化の過程」（61）である[4]．労働の社会化とは，生産の社会化における「生産手段のあり方の変化と対応する（あるいはそれと表裏一体の関係にある）労働のあり方の変化を意味する概念」（62）である．社会化と社会的所有は異なる概念である．社会化は社会的所有がなくても生じうる．また社会的所有があっても社会化が起きるとはかぎらない．

　TLは生産物の取得の権原は労働にあるという議論である．自己労働に基づく所有の原理は，直接労働者にその権原があると主張する．それはTLの一変種である．労働力が社会的に所有される場合は，社会が生産物を取得する権原を持つという議論も可能である．この場合は社会的労働に基づく所有である．TLは通常は自己労働に基づく所有を意味するが，社会的労働に基

づく所有も TL の範疇に属する．TOMP とは生産手段の所有が生産物を取得する権原を与えるという議論である．生産手段が社会的に所有される場合は，消極的な社会的所有と積極的な社会的所有に分かれる．

　本章では所有と労働の関係を検討するので，労働の概念も明確にしておく必要がある．労働とは，個人が自己または自らの社会集団の生存のために，非自発的にまたは義務的に経済活動，とくに生産に携わることである．労働は A・スミス（[1776] 1979）が描写したように「労苦や煩労」であって不効用である（30/1：151）．人間は労働を少なくして自由時間を求める．やむにやまれず仕方なく携わるのが労働である．ある人がその活動自体を目的として自発的に取り組む場合，その人は経済活動に携わっているが，労働はしていない．経済活動とくに生産があるからといって労働があるとはかぎらない．たとえばある人の趣味が釣りであり，釣れた魚を近隣の人々に食材として配る場合，その釣りという行為は自由な活動であって労働ではない．たしかに通常は生産の二大要素は労働力と生産手段と定義される．労働を労働力との関係で規定すれば，労働力の所有者がそれを行使することが労働である．この定義にしたがえば，労働は超歴史的に存在する．しかし労働を上述のように規定するならば，労働力は二大要素から外れることになる．

3　労働所有論：TL

　自由主義の父といわれる J・ロック（[1690] 1988）は，TL を私有財産制の正当化の根拠として用いた．しかし TL は社会主義者にも取り入れられた[5]．リカード派社会主義者が主張した労働全収権論によれば，労働生産物をもたらした源泉はすべて労働であるから，労働者には労働生産物をすべて取得する権利がある[6]．労働全収権論は，単純商品生産における自己労働に基づく所有を基準とする．この社会では付加価値全体を直接生産者たる労働

者が取得する．マルクスは労働全収権論を批判するが，彼自身が自己労働に基づく所有という観念を用いる．彼は『資本論』第1部第22章「剰余価値の資本への転化」において，領有法則の転回を論じる．「最初は，所有権は自分の労働にもとづくものとしてわれわれの前に現れた．……所有は，今では，資本の側では他人の不払労働またはその生産物を取得する権利として現れ，労働者の側では彼自身の生産物を取得することの不可能として現れる．所有と労働との分離は，外見上両者の同一性から出発した一法則の必然的な帰結になるのである」(MEW 23：609-10/760)．

　生産手段の所有に格差がない単純商品生産者どうしの間では，商品は価値どおりに交換される．両者はともに自ら生産した付加価値の対価を取得するから，自己労働に基づく所有の原則が成立する．ところが剰余価値の資本への転化においては，労働力と交換される資本がすでに他人の不払労働の成果であり，この資本は労働者の生産した付加価値のうち，賃金のみならず剰余価値をも生み出す．労働者には自己労働に基づく所有が不可能になり，資本家には他人の不払労働に基づく所有が生じる．この領有法則の転回論においては，単純商品生産における自己労働に基づく所有が基準として設定され，それが剰余価値の資本への転化を通じて正反対の原理へと転回する．

　マルクスの主著である『資本論』においてもっとも中心をなすのは，労働者が生産した剰余価値を資本家が搾取しているという搾取論である．その理論的前提をなすのが TL である．マルクスは第1部第16章「剰余価値を表す種々の定式」において，剰余価値率を表す定式を三つ提示する．第三の定式では剰余価値率は「不払労働／支払労働」(MEW 23：556/691)と表現され，剰余労働は不払労働と呼ばれる．

　資本家と労働者の間の労働力の売買においては，資本家は生産手段を持ち，労働者は生産手段を持たず，労働力しか持っていない．生産には労働力と生産手段という二大生産要素の両方が必要である．労働力の売買において資本

家は生産手段を，労働者は労働力を提供する．資本主義擁護論からすれば，この売買は両者の合意によって成立する．資本家の提供する生産手段がなければたしかに生産は不可能だが，資本家にとっては労働者が提供する労働力がなければ生産は不可能である．そこで資本家と労働者が交渉し，お互いに納得のいく合意を結んだ結果，労働者は賃金を受け取り，資本家は利潤を受け取る．資本家が利潤を受け取ることに何の不正もない[7]．

TL からすれば，この説明は成立しない．資本主義擁護論は資本家が生産手段を所有し，労働者が労働力しか持っていない状態を当然視する．しかし単純商品生産においては，諸個人はみな自らの生産手段を所有し，自らの労働力を駆使して，すなわち労働して付加価値すべてを取得していた．つまりこの経済で付加価値を取得できるのは，直接生産者に限られる．ところが本源的蓄積の過程を通じて直接生産者は，生産手段から強制的に分離され，無産者かつ労働者になってしまった．資本主義擁護論はこの過程をまったく無視する．

資本主義経済の労働力の売買においては，資本家と労働者はお互いの合意に基づいて取引するが，労働者は決して自らが搾取される交換を望んではおらず，彼らは合意を強制されたのである．つまり労働者からすれば剰余労働による生産物は労働者のものなのだが，強制された合意のゆえに資本家にそれを渡さざるをえない[8]．マルクスは，単純商品生産から本源的蓄積を経て資本主義経済が形成される全過程を踏まえたうえで，自己労働に基づく所有の観点から剰余労働を不払労働と呼んだのである[9]．

マルクスは『ゴータ綱領批判』において共産主義社会を二つの段階に分け，その第一段階すなわち社会主義社会を次のように特徴づける．「個々の生産者は，彼が社会にあたえたのと正確に同じだけのものを——控除をしたうえで——返してもらう．個々の生産者が社会に与えたものは，彼の個人的労働量である」(MEW 19：20/20)．この社会主義社会は資本主義社会における

生産手段と労働の社会化を経験している．しかもこの社会はプロレタリアートの独裁による過渡期をすでに経ているから，生産手段と労働力の私的所有は廃止されている．

ただしそれらは消極的な社会的所有におかれる．生産関係の変化と上部構造の変化の間にはギャップが存在する．生産関係では生産手段と労働の社会的所有への転化が終了したものの，上部構造には自己労働に基づく所有という原理がいまだ残存する．それゆえ生産手段の社会的所有は消極的な段階にとどまり，労働力の社会的所有も同様となる．よって労働者は生産手段と自らの労働力を自由に利用して生産に貢献し，生産物は労働に応じて分配される．この社会では諸個人は自己の労働に比例した分け前を受け取る[10]．

同じ議論は『資本論』第1部第24章第7節「資本主義的蓄積の歴史的傾向」でも示される．「資本主義的生産様式から生まれる資本主義的取得様式は，したがって資本制的な私的所有も，自分の労働にもとづく個人的な私有の第一の否定である．しかし，資本主義的生産は，一つの自然過程の必然性をもって，それ自身の否定を生みだす．それは否定の否定である．この否定は，私有を再建しはしないが，しかし，資本主義時代の成果を基礎とする個人的所有をつくりだす．すなわち，協業と土地の共同占有と労働そのものによって生産される生産手段の共同占有とを基礎とする個人的所有をつくりだすのである」(MEW 23：791/995)．

資本主義は単純商品生産における自己労働に基づく所有を出発点としながら，結局はそれの否定をもたらした．社会主義社会はこの原理を復活させる．資本主義社会における自己労働に基づく所有は，生産手段と労働力の私的所有を前提としていた．社会主義社会ではすでに生産手段と労働力は社会的に所有されるから，それらの私的所有はありえない．ただしこの社会では生産手段と労働力は消極的な社会的所有のもとにおかれるので，労働者は生産手段を自由に利用し，労働力も自分の思うように行使することができる．それ

第4章　所有・労働・生産手段

ゆえマルクスは，この社会が「個人的所有をつくりだす」と描写したのである[11]．社会主義社会では自己労働に基づく所有という原理が，資本主義社会よりも高い程度で実現される[12]．

　資本主義社会では「生産手段の集中」と「労働の社会化」（MEW 23：791/995）が進行する[13]．「機械は，……直接に社会化された労働すなわち共同的な労働によってのみ機能する．だから，労働過程の協業的性格は，今では，労働手段そのものの性質によって命ぜられた技術的必然となるのである」（MEW 23：407/503）．単純商品生産とは異なり，資本主義社会の機械制大工業においては，機械は個人ではなく集団の協業によって使用されるため，労働も社会的な性格を強める．よって生産物を直接生産者個人の成果とみなすことは困難になる．

　TLによれば，資本主義社会における労働の社会化を前提にして，（狭義の）共産主義社会における労働力の社会的支出が可能になる．マルクスは『資本論』第1部第1章「商品」で，共産主義社会における労働力の支出について論じる．「共同の生産手段で労働し自分たちのたくさんの個人的労働力を自分で意識して一つの社会的労働力として支出する自由な人々の結合体を考えてみよう．ここでは，ロビンソンの労働のすべての規定が再現するのであるが，ただし，個人的にではなく社会的に，である．……この結合体の総生産物は，一つの社会的生産物である」（MEW 23：92-93/105）．

　共産主義社会では労働力の支出は，初めから社会的になされる．よってそこでの生産物も初めから社会的生産物である．生産物が社会的に取得されるのは，労働力が社会的に支出されるからである．資本主義社会の機械制大工業のもとで，労働の社会化が進行する．共産主義社会では資本家が労働者階級から搾取した剰余生産物を，集団としての労働者階級が取り戻す．この社会では労働力は初めから社会的に支出され，生産物は社会的に生産される．労働力が社会的に支出されたので，生産も社会的なのである．したがって生産

物が社会的に取得される根拠は社会的労働である．この議論からすれば，社会主義社会のみならず（狭義の）共産主義社会の構想も TL に依拠すると理解することは不可能ではない．

4　生産手段所有論：TOMP

　本節ではマルクスが TOMP を用いた議論を検討する．マルクスは『ゴータ綱領批判』において，ラッサール派が依拠する労働全収権論を批判する．「労働はす・べ・て・の・富・の・源・泉・ではない．……人間があらゆる労働手段と労動対象との第一の源泉たる自然にたいして，はじめから所有者として対し，この自然を人間の所有物として取り扱うかぎりでのみ，人間の労働は，使用価値の源泉となり，したがってまた富の源泉となる」(MEW 19：15)．労働全収権論が基準とするのは，単純商品生産における独立生産者である．独立生産者の場合には，生産した付加価値がすべてその生産者の所有となる．リカード派社会主義者はこれを基準にして，資本家からすべての付加価値を労働者に取り戻そうとした．マルクスも『資本論』の搾取論において，資本家は労働者たちから不払労働を搾取していると主張する．ところがマルクスは，労働はすべての富の源泉ではなく，むしろ人間が生産手段の所有者である場合にのみ，労働は使用価値の源泉になるという．ここではマルクスは明らかに TL ではなくて TOMP に立脚している．

　マルクスの TOMP はすでに『経済学批判要綱』の「資本主義に先行する諸形態」に示されている．彼は私的所有が登場する以前に存在した本源的所有について分析する[14]．本源的所有とは「労働者が生産手段として他の生産手段に付属する形態（＝奴隷制・農奴制）をも含む，前資本制的所有の抽象的・一般的規定」(中村 1977, 12) である．よって本源的所有が該当するのは，無階級社会である原始共同体から単純商品生産が登場する前の封建時代

まですべてである[15]．

　本源的所有論の目的は，労働に基づく所有の歴史的特殊性を明らかにし，人類史を本源的所有・私的所有・社会的所有という三段階に分割することにある[16]．「労働者は自分の労働の客体的条件にたいして，自分の所有物にたいする様態で関わるのであって，これこそ，労働とその物象的諸前提との自然的統一である．だから労働者は，労働とは独立に一つの対象的存在をもっているのである」(MEGA II 1（2）: 379/2 : 117-18)．諸個人は共同体の成員という資格において，労働の客体的条件を所有する．それゆえそこから得られる生産物も諸個人の所有となる．諸個人は労働とは独立に客体的条件と生産物を所有する[17]．

　本源的所有論においては，土地の所有は共同体の成員であることに基づくから，所有は共同体という社会関係によって完全に規定される．そして生産物の取得は土地も含めた生産諸条件の意思的統御の帰結から導かれる．ロックの私的所有論が社会的規定のない個人の労働から導出されることとは，対照的である．生産手段は積極的な社会的所有におかれる．労働しない者も生産手段の所有者であるから，生産物の分配にあずかり生存できる．個人的次元では労働と生存は分離される．しかし生産力水準が低いため，社会的次元では労働と生存は分離されていない．本源的所有では生産力の低さゆえに，社会全体としては生存のための労働は不可避である．「労働の目的は，……共同体組織全体の維持である」(MEGA II 1（2）: 379/2 : 119)．労働力は社会全体のために提供されねばならない．労働の量と内容は社会的に決定される．少なくとも原始共同体の初期段階では，諸個人は社会集団に埋没している．彼らは共同体を存続させるために労働を提供しなければならない．本源的所有では労働力は所有されないのではなくて，積極的な社会的所有のもとにおかれる[18]．

　本源的所有論ではたしかに労働力が社会的所有のもとにおかれるので，生

産物が社会的に取得される根拠が労働であるように見える．しかし，この社会で労働力が社会的所有になるのは，生産手段が社会的所有におかれるからである．つまり生産物が社会的に取得される根拠は，労働ではなくて生産手段の所有に求められる．生産手段の社会的所有が先にあって，そのうえで労働力が社会的に所有されるのであり，逆ではない．労働力が社会的に所有されることは，直接に労働しない者も労働力を間接的に行使したとみなされることを意味する．よって労働力が社会的に所有されるといっても，労働が生産物を取得する根拠になるわけではない．TLは労働力が社会的に所有されるから，生産物が社会的に取得されると主張する．この説は本源的所有については成立しない．

　資本主義社会では，生産力の発展が生産の社会化すなわち生産手段の社会化と労働の社会化をもたらすし，搾取は個人間の関係ではなく階級という集団間の関係になる．そこで資本主義社会と社会主義社会を経験した(狭義の)共産主義社会では，労働は直接に社会化された労働になる．「諸個人はこの社会的身体のなかで諸個体として，しかし社会的諸個体として再生産される」(MEGA II 1（2）: 698/2 : 707)．(狭義の) 共産主義社会においては，個人は社会的な身体の一部となり，労働が初めから社会的に支出される．このことをもってTLは，労働の社会化は生産物が個人的にではなくて社会的に取得される根拠になると，主張する．労働の社会化によって，労働が労働者個人ではなくて労働者階級によって遂行されることは，たしかである．労働の主体が個人労働者の場合には，TLは自己労働に基づく所有という原理になる．労働が社会化された場合は，労働の主体が集団労働者になり，生産物を取得するのも集団労働者になるから，TLが成立するように見える．

　しかし労働の社会化によって，労働の成果はますます労働者個人の功績ではなくなるだけでなく，労働の成果と労働者との関わりも小さくなる．資本主義社会では労働力の再生産は，家庭の中での個人的な過程ではなくなり，

学校など社会的な過程の中で遂行されるようになる．またどのような具体的有用労働が需要されるかは，消費者の選好に依存する．商品生産の拡大とともに，選好における社会的に形成される部分の比重が大きくなる．とすれば商品生産に寄与した者には，直接生産者としての労働者だけでなく，労働力の再生産や選好形成に関わった人々も含まれることになる．

　一般的労働によって労働は，生産物を取得する根拠ではますますなくなる．労働が疎外された状態を克服して「真に自由な諸労働」(MEGA II 1（2）：499/2：340）になるには，労働が社会的労働になるだけでなくて一般的労働にならねばならないと，マルクスはいう．「一般的労働というのはすべての科学的労働，すべての発見，すべての発明である」(MEW 25：113-14/131)．生産力の発展によって「労働者は，生産過程の主作用因であることをやめ，生産過程と並んで現れる」(MEGA II 1（2）：581/2：489-90)．一般的に言えば生産力の発展には，労働力と生産手段の両者が関わる．しかし労働そのものの発展よりも科学技術による生産手段の発展のほうが，一般的労働の形成に大きく寄与する．

　（狭義の）共産主義社会の後期では労働が廃絶される．マルクスは『経済学・哲学草稿』で，私的所有と労働の関係について論じる．「私的所有の主体的本質，対自的に存在する活動としての，主体としての，主体的な者としての私的所有は労働である」(MEW 40：530/450)．私的所有を廃絶するためにプルードン派は「資本の廃止」(MEW 40：556/477) を訴える．これに対してマルクスは，労働が私的所有の主体的本質をなす以上，資本の廃絶に止まらず労働の廃絶に進まねばならないと考えた．

　マルクスは『ドイツ・イデオロギー』ではより直截に述べている．「プロレタリアたちは人としての値うちを獲得するために，彼ら自身の従来の生存条件――それは同時に従来の社会全体の生存条件でもある――，すなわち労働を廃めにしなければならない」(MEW 3：77/73)．ここで廃絶される労働が疎

外された労働であることはいうまでもない．その中に賃労働や分業が含まれることはたしかである．では疎外されていない労働一般についてはどうか．(狭義の)共産主義社会の後期では疎外されていない労働も廃絶の対象となる．

　原始共同体では成員は，その社会が存続するために労働する．よって労働は社会的であり，生産物も社会的に取得される．労働が私的所有をもたらすことはない．しかし共同体の紐帯が緩むと，諸個人はしだいに分断され，自分が生存するために労働するようになる．彼らの労働は私的労働となり，その生産物は私的に取得される．私的労働は賃労働を含むが，それに限定されない．単純商品生産における生産者の労働は，賃労働ではないが私的労働である．マルクスは資本主義社会を廃止したのちに，プルードン派のように単純商品生産を社会的次元で復活させようとしたのではない．私的労働は廃絶されるべきだと，マルクスは考えていた．

　しかもマルクスは社会的労働も廃絶しようとした．マルクスが労働の廃絶と述べたときに対象とする労働には，賃労働はいうまでもなく私的労働も，そしてさらに共同体における社会的労働も含まれると，筆者は考える．なぜならプロレタリアたちは賃労働・私的労働のみならず「従来の社会全体の生存条件」たる労働も廃止しなければならないと，マルクスは述べているからである．なぜ彼は労働が廃絶されるべきだと考えたのか．それは人間が自由時間を拡大するためである．「労働日の短縮こそは根本条件である」（MEW 25：828/1051）．労働を短縮し，さらに廃絶するのは，人間が自由時間において自己実現するためである．マルクスは初期から後期に至るまで一貫して労働の廃絶を追求している．

　では労働の廃絶は可能だろうか．人間が生存するためには生産が必要であり，そのためには誰かが労働しなければならないのではないか．労働の廃絶は可能であると，筆者は考える．資本主義社会では労働は一般的な労働になっている．生産性の向上の結果，労働が生産に占める地位は低下した．現在，

第 4 章 所有・労働・生産手段

資本家からもベーシック・インカムが要請されるのは，あまりにも生産力が高くなって，従来の労働→賃金→所得→消費需要という因果系列が成立しなくなったからである．資本家がいくら富を蓄えても，商品を買う人がいなくなったらビジネスは成り立たない．そこで労働を介さずに直接に人々に所得を支給して消費需要を作ろうとする．労働を通じて所得を得るシステムが生産力の発展にとって桎梏になったことを，この現象は如実に示す．資本主義の発展自体が労働の廃棄をもたらしつつある．

マルクスの構想によれば（狭義の）共産主義社会の前期には，必要原理を満たすために社会構成員のうちの一部の者は労働につかねばならない．それがゆえに彼は「共同的な，すなわち直接に社会化された労働」(MEW 23：92/104) を想定する．そこでは生産手段の積極的な社会的所有に対応して，労働力も社会的に所有される．しかし他方で彼は，共産主義社会には「労働そのものが第一の生命欲求」(MEW 19：21/21) となるような状況が到来すると考えていた．これは社会の存続のために人々が非自発的に労働しなければならない段階を超えて，自発的な活動によって社会の維持が可能になった状況の描写である．万人の必要を満たすためには，誰かが労働に携わらなければならない．労働を提供した者に対する報酬がなくなったとすれば，誰が労働を提供するのか．この段階では労働は手段でなくて「第一の生命欲求」である．つまり人々は自発的に労働に勤しむ．

ただし「労働そのものが第一の生命欲求」になったのであれば，上述の労働の定義からすれば，それは労働というよりは自由な活動と呼ぶべきである．この自由な活動は『ドイツ・イデオロギー』で次のように表現される．共産主義社会にあっては「私の気のおもむくままに，朝には狩りをし，午すぎには魚をとり，夕べには家畜を飼い，食後には批判をする可能性である」(MEW 3：33/29)．こうした気のおもむくままの行動は，もはや労働とは呼べないだろう．そこでは人々の自発的で自由な経済活動によって，社会全体として

の再生産が可能となる．自発的に経済活動につく人々が社会の大多数になる必要はない．一部の人々がそうすればよいのである．このような社会の実現には，生産力の向上による一般的労働の形成が基礎にあることはいうまでもない．つまり生産性が向上した結果，人々の直接的労働の比重が減り，一般的労働となる．労働は廃絶の対象であるから，それは所有の根拠にはなりえない．

資本主義社会では増進した生産力を背景に，生産手段が社会化され，労働も社会化する．この生産の社会化を反映したのが，共産主義社会における生産手段の社会的所有とそれに伴う労働力の社会的所有である．本源的所有では，生産手段の社会的所有とそれに伴う労働力の社会的所有が先にあり，生産力の発展により生産の個人化が進んだ結果として，生産手段と労働力の私的所有がもたらされた．共産主義社会では，逆に生産力の発展に伴う生産の社会化の結果として，生産手段の社会的所有とそれに伴う労働力の社会的所有がもたらされる．社会主義社会では，生産手段の消極的な社会的所有と労働力の消極的な社会的所有によって貢献原理が適用され，社会の存続が保障される．（狭義の）共産主義社会の前期には，生産手段の積極的な社会的所有と労働力の積極的な社会的所有によって必要原理が適用され，社会の存続が保障される．さらに(狭義の)共産主義社会の後期には，この傾向が強まって労働は廃絶されるとともに，自由な活動によって必要原理が適用され，社会の存続が保障される．そこでは生産手段の社会的所有は残るが，労働力の社会的所有は形骸化する．労働そのものが廃絶されることによって，労働は生産物を取得する根拠ではなくなる．

5　二つの理論の関係

マルクスは一方で TL を用いながら，他方で TOMP を用いる．彼の言説

は矛盾しているのだろうか[19].ある学者たちはマルクスの初期と後期の間に理論的切断があると断定する[20].この解釈は所有論について妥当するだろうか.TLの採用は,マルクスが『資本論』を執筆した中期に多く見られる.TOMPの採用は,初期の『経済学・哲学草稿』や『ドイツ・イデオロギー』の疎外論,中期の『資本論』における「自由の国」の描写,さらに後期の『ゴータ綱領批判』における労働全収権論への批判にも見られる.それゆえマルクスの生涯の時期区分で分ける説明は成立しない.

　F・エンゲルスは自己労働に基づく所有に依拠するリカード派社会主義を「ブルジョアジー自身の武器でブルジョアジーを攻撃している」(MEW 24:20/21)と批判する.ではマルクスが自己労働に基づく所有に依拠して資本主義を批判したことも,ブルジョアジーの武器でブルジョアジーを攻撃することになるのであろうか.それは違う.マルクスが自己労働に基づく所有を用いたのは,単なる論法の問題ではない.マルクスがTLを用いるのは,それが単純商品生産,資本主義,そして社会主義社会において,現実の経済過程の基本原理として機能しているからである.

　TLとTOMPの関係を史的唯物論の観点から詳しく見てみよう.本源的所有をもつ最初の社会は原始共同体である.この社会においては人々の生存水準をぎりぎり維持するだけの生産力しかない.剰余生産物が少ないために人々の間の貧富の格差は発生しておらず,階級・搾取関係はいまだ出現していない.共同体のメンバーは労働したか否かにかかわらず,生産手段の所有者としての資格において生産物を受け取ることができる.個人的次元では労働と生存は分離されているが,生産力の低さのゆえに社会的次元では両者は分離されていない.労働力は社会的に所有され,労働できる者は労働を社会に提供しなければならない.労働はつねに社会的であるから,自己労働に基づく所有という観念はいまだ存在しない.この社会では労働力は社会的に所有されるが,それは生産手段が社会的に所有されるからである.生産物の社

会的取得を保障するのは，生産手段の積極的な社会的所有である．

　農業による定住が進み，原始共同体の水準より生産力が発展すると，剰余生産物が継続的に生産できるようになり，しかもそれを一部の者が独占しはじめる．その結果，階級関係が発生する．これが農業共同体の段階である．三つの形態に区分された農業共同体から，その二次的転化形態たる奴隷制・封建制が発展する．原始共同体と農業共同体・奴隷制・封建制の間には，階級関係の有無という点では大きな相違があるが，いずれも本源的所有という点では共通する．本源的所有においては，原始共同体から三つの形態の農業共同体に至る過程で，生産力が発展するにつれて生産が社会的形態から個人的形態に変化するとともに，所有も社会的所有から私的所有へと変化していく．生産力の発展が本源的所有を崩壊させていったのである．

　封建時代には地代が労働地代から生産物地代，貨幣地代へと発展し，それによって生産力も漸進的に向上するとともに，直接生産者の独立性も強まった．その結果，封建時代末期には生産手段を所有して自らの労働力で生産する独立生産者が登場し，単純商品生産が拡大した．そこでは生産した付加価値すべてが生産者のものとなり，自己労働に基づく所有が成立する．この原理が，全生産物が直接生産者に帰属するという労働全収権論と TL の根拠となった．しかし本源的蓄積の時代を通じて，労働力と生産手段は暴力的に分離され，生産手段を持たない無産者は労働者となり，それらを持つ有産者は資本家となる．これによって資本主義の準備が整う．

　資本主義社会では，生産力の発展を基礎にして生産の社会化と労働の社会化・一般化が進展し，それによって生産力が社会の全成員の基本的必要を満たす水準に到達する．よって本源的所有とは逆に，社会的次元では労働と生存は分離されるが，私的所有であるため個人の次元では労働と生存は分離されていない．この社会では単純商品生産とは異なり，付加価値のうち剰余価値が資本家に搾取される．しかしこの社会は，直接生産者が労働力の所有者

であるという点は，単純商品生産と同様である．自己労働に基づく所有という原理は，資本主義を支える市場経済の原理として形式上は存続している．マルクスは『資本論』第1部第22章第1節「拡大された規模での資本主義的生産過程 商品生産の所有法則の資本主義的取得法則への変転」（MEW 23：605-15/754-66）において，自己労働に基づく所有が正反対の他者労働に基づく所有に転化することを指摘する．

　社会主義社会では，資本主義社会における生産力の発展を踏まえ，生産の社会化と労働の社会化・一般化がいっそう進んだ結果として，生産手段と労働力が社会的に所有される[21]．ただし生産手段が消極的な意味で社会的に所有される結果，労働力も消極的な社会的所有のもとにおかれる．それゆえ労働者は自らの労働力を個人的に利用し，貢献原理によって生産物を配分されるので，所得の不平等が残る．労働力を誰が所有するのかは，法・制度によって確定される．資本主義社会を支配してきた自己労働に基づく所有という原理が，社会主義社会にはいまだ根強く残る．そこでマルクスはこの社会における生産物の取得を，労働者による私的所有ではなく個人的所有の再建と表現したのである．社会主義社会では自己労働に基づく所有が実現するが，それは単純商品生産のように生産者個人が付加価値をすべて取得するような経済の再現ではない．社会主義社会では労働できない人のために，生産物から一定の部分が控除され，自己労働に基づく所有は部分的には否定される．ラッサール派の唱えるような労働全収権は成立しない．

　（狭義の）共産主義社会の前期の生産力は，社会の存続のために人々の非自発的な労働を必要とする．この社会では生産力の発展を基礎に，労働力は積極的な社会的所有におかれるので，人々は社会の存続のために労働しなければならない．労働力の個人的所有という観念は消滅する．労働と生存は個人的に分離されるが，社会的にはいまだ分離されていない．労働力は積極的な社会的所有とされるが，生産物の社会的取得を保障するのは，生産手段の社

会的所有である．これによって必要原理が貢献原理を凌駕するようになる．

（狭義の）共産主義社会の後期では生産力が十分に高いので，一部の成員の自発的な生産活動によって共同体成員の生存が維持可能である．諸個人が経済活動に携わったかどうかは，彼らの生存に関係しない．よってそこでは生存の維持を目的とした経済活動すなわち労働は，廃棄される．労働がなくなるから労働力も，いわんやその所有もなくなる．労働力の所有が否定されたのではなく，所有の客体としての労働力がないのである．社会的次元と個人的次元の両方において労働と生存は分離される．これによってTLはまったくその根拠を失う．

TLとTOMPの関係についての以上の説明は，図表4-1のようにまとめることができる[22]．

単純商品生産から資本主義社会，そして社会主義社会にかけてはTLが通用し，（狭義の）共産主義社会の前期までその影響力を残す．封建社会末期に単純商品生産が広がり，独立自営農民層が登場する．彼らは生産手段を所有し，自らの労働で生産した生産物を販売して，所得を得ていた．そこでは自己労働に基づく所有を内実とするTLが機能していた．資本主義経済はTLに基づく市場経済の中から発展した．それゆえ資本主義経済はTLを少なくとも形式的には肯定する．ところがマルクスは，資本主義経済が実質的にはTLを否定することを明らかにし，それによってこの経済の矛盾を批判した．そして彼は社会主義経済こそがTLを実現すると訴えた．（狭義の）共産主義社会の前期に至ってもTLは労働力が積極的な意味で社会的な所有にされたという形で影響力を残す．

TOMPは本源的所有では支配的であった．そして生産手段が社会化された社会主義社会から再びその影響力を強め，（狭義の）共産主義社会の後期に至ってTLを完全に駆逐して唯一の原理となる．本源的所有では共同体の成員は彼らの労働ではなく，生産手段の所有者という資格において生産物を

図表 4-1　社会体制と所有の客体

社会体制＼所有の客体	生産手段	労働力	生産物	理論的根拠
本源的所有	社会的(積極的)→	社会的(積極的)	社会的(積極的)	TOMP
単純商品生産	私的(直接生産者)	私的(直接生産者)	私的(直接生産者)	TL
資本主義社会	私的(資本家)	私的(労働者)	私的(資本家)	TL
社会主義社会	社会的(消極的)→	社会的(消極的)	社会的(消極的)	TL と TOMP
共産主義社会（前期）	社会的(積極的)→	社会的(積極的)	社会的(積極的)	〔TL〕と TOMP
共産主義社会（後期）	社会的(積極的)	なし	社会的(積極的)	TOMP

※労働力が積極的ないし消極的な意味で社会的に所有されるのは，生産手段が積極的ないし消極的な意味で所有されているからである．この関係を→で示す．

取得していた．労働力の社会的所有は生産物が社会的に取得される根拠ではない．生産手段の社会的所有こそが労働力の社会的所有の原因である．社会主義社会から（狭義の）共産主義社会にかけて資本主義社会における生産手段の社会化と労働の社会化・一般化を基礎にして，生産手段が社会的所有になり，その結果として労働力も社会的所有になる．生産力のさらなる発展は労働を廃棄させ，労働は生産物の社会的取得の根拠にはなりえなくなる．生産手段の社会的所有が生産物の社会的取得の唯一の根拠となる．（狭義の）共産主義社会の後期で TL が完全に否定されるのは，労働が現実的に廃棄されるからである．

このように史的唯物論は，生産力・生産関係・上部構造の関係に基づいて，所有と労働・生産手段の関係の変化を説明することができる．マルクスがある社会の説明については TL を受け入れ，ほかの社会の説明については TOMP を受け入れるのは，論理的矛盾ではないし，相手の議論を逆手にとった論法でもない．それは社会の歴史的発展段階に応じて生産力・生産関係・

上部構造の関係が変化すると捉えるからである．

注
1）ただしプーフェンドルフの定義に厳密に従っているわけではない．
2）F・エンゲルスが『反デューリング論』において「個人的所有にはいるのは生産物すなわち消費対象である」（MEW 20：122/137）と解釈し，これが長らく通説とされてきた．日本では市民社会派を代表する平田（1969）が「共同所有にもとづく個体的所有」（109）は生産手段にも通用し，社会主義社会から（狭義の）共産主義社会へと継続していくと主張して以来，論争が繰り広げられた．
3）消極的な社会的所有と積極的な社会的所有の区別は，Cohen（1995）の「共同所有」（common ownership）と「集団所有」（joint ownership）の区別に近い．
4）富沢（1974）は生産手段の社会化に「所有形態の転化の過程」すなわち生産手段の社会的所有への転化の過程を含める（61）．しかしたとえば資本主義社会では，生産手段は労働者が共同で使用するという意味で社会化されているが，それは社会的に所有されていない．そこで筆者は生産手段の社会化からその社会的所有への転化を除外する．
5）「労働が財産の権源であり，価値の源泉であるというかれ［ロック］の学説は，社会主義の主要な武器にされる運命にあった．もっともロック自身は，それを反対の意味に使用し，私有財産の合法性と正当性を証明しようとしたのである」（Beer 1919，1：56-57/1：117-18）．
6）Ellerman（1993, 54-55）を参照．労働全収権論については Menger（［1886］1910）を参照．
7）「市場では無数の土地所有者が労働力を求めて競争しているのだから，労働者は剰余生産物をすべて取り上げようとするような使用者の下で働かなくてすむ．肉体労働をした被雇用者と生産を組織した使用者との間で剰余生産物をどのように分配するかは，両者の交渉によって決まる経験的な問題であって，それがすべて資本家のものになると考えるべき理由はない」（森村 1997, 111）．しかし現実の資本主義では失業率が０％になることはなく，しかもマルクスが『資本論』第１部第23章「資本主義的蓄積の一般的法則」で示したように（MEW 23：640-740/799-931），資本の有機的構成の高度化を伴う資本蓄積の結果，相対的過剰人口としての失業が生じる．よって森村の議論には同意できない．

8) この点については Cohen（1988, chap. 13）を参照．
9) Cohen（1995）はマルクスの搾取論は自己所有権原理に基づくと主張する（146-47/205-6）．筆者はコーエンと同意見である．
10) Cohen（1995）はこの原理を「社会主義的比例原理」と呼ぶ（123/172）．
11) 西野（1985）は日本における「個人的所有の再建」をめぐる論争を次のように総括する．「個人的所有の再建」とは「『自分の労働を基礎とする』所有の『再建』＝高次復活に他ならない」（334）．個人的所有の再建は社会主義社会と（狭義の）共産主義社会の両方に共通すると，彼は理解する（327-28）．しかし私見では，（狭義の）共産主義社会の後期では労働が廃絶されるから，個人的所有の再建が自己労働を基礎とする所有の再建ならば，それは少なくとも（狭義の）共産主義社会の後期には妥当しない．
12)「完全に」ではなく「高い程度で」というのは，社会主義社会では搾取の廃止によって自己労働に基づく所有が資本主義社会よりも高い程度で実現されるが，個人への分配の前に必要な控除がなされているので，自己所有に基づく労働が完全に実現されるわけではないからである．
13) 富沢（1974）は，生産の社会化を生産手段の社会化という客体的契機のみならず，労働の社会化という主体的契機も含めて理解しなければならないと力説する．筆者は同意見である．
14)「マルクスの本源的所有論は，諸個人が無所有でない共同社会の諸形態を論じることによって，反省的に，私的所有と対立した無所有が成立する歴史的諸条件を把握しようとしたと見ることができる」（渡辺 2002, 136）．筆者は渡辺に同意見である．
15) マルクスは本源的所有の「第一の形態」（MEGA II 1（2）：379/2：119）を「アジア的（少なくともそれが支配的な）形態」（MEGA II 1（2）：388/2：132）と呼び替えている．しかし第一形態の冒頭部分の叙述は，定住以前の「自然生的な共同体組織」（MEGA II 1（2）：379/2：119）の描写であって，原始共同体に該当する．渡辺（2005, 27）を参照．
16) 史的唯物論では資本主義以前の主な経済体制は，原始共同体・古代奴隷制・中世封建制と三つであるが，本源的所有論では資本主義に先行する諸形態として一括される．史的唯物論は階級と搾取の形態によって時代を区分するのに対して，本源的所有論は所有の観点から人類史を三段階に区分する．
17)「マルクスのモチーフは，本源的所有においては，生産者がたんなる労働者という抽象的規定で存在せず，所有者として生産の過程を意志的に支配，規制する主体という規定性をもっていることを示す点にある」（浅見 1986, 42）．

18) 渡辺 (2002) は「労働能力は，本源的所有にあっては所有の対象とならない」という (140). しかし私見では，この社会でも労働力は希少だから，それは所有の対象である．一般に資源が無限に存在するならば，その資源をめぐる利害対立は存在しないので，所有の観念は発生しない．たとえば原始社会において空気は無限にあるので，空気は所有の対象とならない．空気をめぐる共同体間の利害対立はない．よって空気は上記の意味で非所有である．労働力への需要があっても，労働力が希少でなければ労働力の所有は問題にならない．しかし生産力の低い本源的所有のもとでは，労働力は希少である．よって希少な労働力をめぐって所有という観念が発生する．たとえば共同体 A に対して，ほかの共同体 B が労働力を求めて侵略する．この場合は共同体 A の労働力をめぐって，A と B の間に利害対立が生じる．よって労働力は所有の対象である．所有の観念が生じるためには，交換は必要条件ではない．交換がなくとも客体が希少であれば，所有の観念が生じる．よって本源的所有において労働能力は所有の対象になる．以上の議論については，Rawls ([1971] 1999) の「正義の情況」(109‒12/170‒74) を参照．

19) 青木 (2002) は，マルクスを「コミュニタリアンとしてのマルクス」と「リベラルとしてのマルクス」に二分したうえで，それらの両立は不可能であると主張する (第 1 章). 筆者と異なる意見である．

20) Althusser (1965) は，初期マルクスの人間主義と『ドイツ・イデオロギー』以降の科学主義の間には「認識論的切断」があると主張した．廣松 (1969) は，初期の疎外論から『ドイツ・イデオロギー』の物象化論へのパラダイム転換があったと力説した．筆者は彼らに反対である．

21) Rawls ([1971] 1999) が提唱する平等自由主義の社会では，労働力が社会的に所有されるのではなくて，平等に配分される．

22) 『要綱』における人類史の三段階論にしたがえば，第 1 段階には TOMP，第 2 段階には TL，第 3 段階には TOMP が当てはまる．

第5章 疎外態としての国家

1 問題の所在

　マルクス主義にとって国家をどのように位置づけるかは，きわめて重大な問題である．社会主義について多くの人々は，国家が肥大化した社会をもたらすという印象をもつ．K・マルクスは，資本主義社会から共産主義社会に至る過渡期には，労働者階級が国家権力を掌握すべきであると主張した[1]．ソ連型社会体制では国家が資本主義国以上に大きな権限をもち，人民を統制・弾圧する事態が生じた．経済の面で生産手段が実質的には社会化されなかったのも，人民から乖離した国家が生産手段を管理したからであった．また社会民主主義政党が主導した福祉国家においても，再分配のための課税を通じて国家が肥大化する現象が生じた．それゆえ通常，資本主義と社会主義の関係は市場対国家という図式で捉えられることもある[2]．

　1970年代の国家論ルネサンスにおける国家の相対的自律性をめぐる論争の背景には，国家とは階級支配の道具であるとするマルクス主義の階級国家論では，上述の否定的現象について説明することができないという問題意識があった．なぜなら階級国家論のいうように国家は階級支配の道具であるとすると，次のような問題が生じるからである．すなわち階級国家論に立脚すれば，ソ連型社会体制において労働者が国家権力を獲得した以上，人民を抑圧することはありえないはずである．逆に福祉国家は資本主義に基礎を置くの

だから，その国家は資本家階級に支配されており，実態は「国家独占資本主義の粉飾形態」(小谷 1966, 258) にすぎないことになる．階級国家論のみでは現実の国家を十分に説明できないのである．

「国家の相対的自律性」を唱えるネオ・マルクス学派は，国家は単純な道具ではなく，社会構成体の経済・政治・イデオロギーなどからなる諸水準の凝集性を構成する特殊な機能であると主張した[3]．しかしこの議論では結局，土台が上部構造を決定するという史的唯物論を否定することになる難点があった．

そこでもう一度，原点に立ち返ってマルクス主義における国家論とは何かという問題を考えてみたい．これまでマルクス主義の国家論が階級国家論であるというのは，伝統的なマルクス学派であれネオ・マルクス学派であれ，疑うことのない当然の前提であった．マルクス学派は，資本主義国は資本家階級によって，社会主義国は労働者階級によって支配されると考えた．ネオ・マルクス学派はそのようにマルクス主義が階級国家論を採用するからこそ，ソ連型社会体制や福祉国家の状況をうまく説明できないと考えた．

筆者は，マルクス主義の国家論は階級国家論に限られるという前提そのものを疑ってかかるべきであると考える．たしかにマルクス主義の特色は「これまでのすべての社会の歴史は階級闘争の歴史である」(MEW 4：462/475)というマルクスの文言にみられるように，階級関係を基軸にして社会を捉える点にあるし，その目的とする共産主義社会は無階級社会である．しかしソ連型社会体制においてはマルクスのいう疎外現象が現れた．国家が諸個人間の関係を引き裂き，権力的に抑圧する役割を果たした．また福祉国家においてもシステム化を通じて人々のコミュニケーションが失われ，生活世界の植民地化という一種の疎外現象が生じた[4]．

マルクス主義の基本使命は疎外からの解放である．上記のように疎外現象の生起に国家が関わっているとすれば，疎外という観点から国家論を検討す

第5章 疎外態としての国家

る必要がある[5]．実はマルクスには階級国家論のほかに，疎外に国家の原因を求める疎外国家論があった．それによれば分業と私有財産制のもとで諸個人が分断され，利害対立が生じたため，対立を調停する権力が出現する．国家とは権力に基づく法・制度・権利の体系によって人々の対立を調停するとともに，彼らを従属させるシステムである．国家は人間がつくったものが逆に人間を支配するという点で典型的な疎外態である．

マルクスの理論体系の中に疎外国家論が存在するという理解は，決して新しいものではない[6]．しかしマルクス学派では疎外国家論の存在は認められていたものの，それは階級国家論に統合されたと理解され，結局は疎外国家論独自の意義が看過されてしまった．そこで疎外国家論の内容を確認するとともに，それが階級国家論といかなる関係にあるかを検討しよう．

その前に確認しておきたいのは，マルクス主義とアナーキズムの関係である．両者の関係についてしばしば見られる解説は次のとおりである．アナーキズムを国家の廃絶をめざす思想として広義に理解すれば，マルクス主義はアナーキズムの一種である．しかし，その理想を実現するためであれ，国家を利用することは拒否するというように狭義に理解すれば，マルクス主義と狭義のアナーキズムは対立する．マルクス主義と狭義のアナーキズム（以後，単にアナーキズムと呼ぶ）の相違は目標ではなく手段にある．すなわちマルクス主義においては，目標はアナーキーすなわち無国家であっても，それを達成するための手段はアナーキーではない．このように目標と手段は分離される．これに対してアナーキズムにおいては，アナーキーという目標を達成するためには，その手段もアナーキーでなければならない[7]．とくに国家権力には自己増殖的な性格があるから，手段として国家を利用するとその暴走を止められなくなる．ソ連型社会体制が自壊したという現実からすれば，アナーキストの主張も再評価するべき部分がある[8]．以上のような理解は誤りではないが，疎外国家論を踏まえればより深い洞察が可能である．

111

最後の論点はマルクス主義国家論と自由主義国家論の関係である．自由主義国家論では，個人の権利を擁護するために国家の役割はできるかぎり小さいほうがよいとされながら，どのようにすれば社会秩序を保つことができるかという秩序問題を解決するには，法・権利とそれを保障する国家権力の存在が避けられないと考えられた．これをマルクス主義の階級国家論と比較すると，階級国家論では階級こそが国家の原因だとされたのに対して，自由主義国家論では階級がなくとも国家が生じるとされたことが大きな相違点であった．マルクス学派は自由主義国家論に対して，私有財産制を擁護するブルジョア国家論であるとして非難した．しかしソ連型社会体制において国民の個人的権利が蹂躙されてきた現実に鑑みれば，国家の必然性を階級関係に還元しなかった自由主義国家論のほうがよりラディカルであるという見方もできよう．では疎外国家論の観点からすれば，自由主義国家論はどのように評価できるだろうか．これが本章のもう一つの課題である．

　マルクス主義における国家論の理解は，社会主義の本質に関わる第一級の重要性をもつ．そこで以下，これらの問題について考察していきたい．

2　疎外国家論

　マルクスによる疎外の定義としてもっとも明確なのはつぎの文章である．「労働の分割は，人間たちが自然発生的な社会のうちに在るかぎり，したがって特殊な利益と共同の利益との分裂が存在するかぎり，したがって活動が自由意志的にでなくて自然発生的に分割されているかぎり，人間自身の仕業が彼にとって或るよそよそしい対立する力となり，彼がそれを支配するかわりにそれが彼を抑圧するということのまさに最初の例を，われわれに示している」(MEW 3 : 33/29)．労働の分割によって諸個人の特殊な利益と社会全体の公共の利益の間に分裂が生じ，人間の行為によって作り出された制度が逆

に人間を抑圧するような事態が疎外である．

　このあとに国家が疎外の観点から論じられる．「あたかも特殊な利益と共同の利益とのこの矛盾から共同の利益は国家として，――現実的な個別的および総体的利益から切り離されていると同時に幻想的な共同性として独立した――形態をとるようになる」（MEW 3：33/29）．このように国家は疎外の一つの形態として位置づけられている．これを田口（1978）にならって疎外国家論とよぼう．疎外国家論は『経済学・哲学草稿』や『ドイツ・イデオロギー』が執筆された初期段階に形成されたが，フランス三部作が執筆された中期から後期にかけても保持される[9]．「コミューン――それは，国家権力が，社会を支配し圧服する力としてではなく，社会自身の生きた力として，社会によって人民大衆自身によって再吸収されたものであり，この人民大衆は，自分たちを抑圧する組織された強力に代わって，彼ら自身の強力を形成するのである」（MEW 17：543/514）．マルクスは，普仏戦争後の1871年に形成されたパリ・コミューンを，国家とは異なる行政機関として高く評価した．それは国家のような人民から疎遠な権力ではなく，人民自身による自己管理であり，疎外国家を克服した形態として理解されている[10]．

　田口（1978）は疎外国家論がたんにマルクスの初期にとどまらないと主張し，次のことを想起するべきであるとする．「『内乱』におけるマルクスの国家把握が，線型においてではないとしても，初期マルクスの政治的諸労作における『疎外国家論』（政治的疎外からの回復としての『デモクラシー』概念，『人間的解放』概念を含む）と連なり，そして中期マルクス，たとえば，『ブリュメール一八日』における『すべて共通の利害はただちに社会からはなされ，よりたかい一般利益として社会に対置させられ，社会の成員の自主活動からもぎとられ，統治活動の対象にされた．（後略）』という命題と関連を持ち，さらに，すでに論じたエンゲルス『起源』の『社会からうまれながら社会のうえに立ち，社会にたいしてますます外的なものとなっていく』権

113

力としての国家の規定と連結していくであろうことを．このような国家把握を，初期のフォイエルバッハの人間学からの影響を止めた国家論に『疎外国家論』の名前を与えるかぎり，このような名称で呼ぶことはもはや適当ではないかもしれないが，いずれにしろこのような把握が，マルクス主義の始祖たちの国家論，国家止揚論を貫く一本の赤い糸をなしていることは，確認されうるであろう」(94)．疎外国家論はマルクス初期の国家論であって，それはやがて階級国家論によって超克される[11]，あるいは止揚されるという見解がある[12]．しかし田口がいうように，疎外国家論の観点は初期にとどまらずマルクス思想の全体に一貫する赤い糸をなしているのであって，決して階級国家論に吸収されたのではない．では疎外国家論と階級国家論はいかなる関係にあるのか．そこで次に階級国家論をみてみよう．

3　階級国家論

通常，マルクスの階級国家論の典拠とされるテキストは次の箇所である．ブルジョア階級は「大工業と世界市場とがつくりだされてからは，近代の代議制国家において独占的な政治的支配をたたかいとった．近代の国家権力は，ブルジョア階級全体の共同事務を処理する委員会にすぎない」(MEW 4：464/477)．「発展がすすむなかで階級差別が消滅し，協同社会をつくった諸個人の手に全生産が集中されたとき，公的権力はその政治的性格を失う．本来の意味の政治権力は，他の階級を抑圧するための一階級の組織された暴力である」(MEW 4：482/495)．

近代の国家とはブルジョア階級の利益を代弁する機関である．よって階級対立がなくなれば，自動的に国家もなくなる．これが階級国家論の論理である．階級支配こそが国家の権力的性格をもっとも強化するというマルクスの主張については，誰もが納得するところであろう．問題は階級対立の消滅が

図表 5-1　経済体制と疎外

資本主義　←──　階級（疎外の深化）
　↑　　　　　　　　↑
市場経済　←──　分業（疎外の発生）

国家の消滅と等しいのかどうかという点である．上記の二つの引用のうち前者については，近代の国家がブルジョア階級の利益を代弁するという事実を確認するだけで，ブルジョア階級の利益を代弁しない国家がありうるのかどうかという点については，何も述べていない．

次に後者の引用については，たしかに階級差別の消滅が国家の権力的性格を消滅させる一つの要因であるとされているが，諸個人が協同社会すなわちアソシエーションを通じて生産に関する権限を実際に手に入れたときという，もう一つの要因が挙げられている．つまり階級がなくなったとしても，諸個人が分業によって相互に分断された疎外の状態におかれているならば，国家は存続する．

『ドイツ・イデオロギー』では前節で引用した疎外の定義に続いて次のように述べられる．「しかしこれはつねに，各家族集団，各部族集団のうちに在る諸紐帯……を現実的土台とし，またことに，のちほど述べるように，労働の分割にもとづいてすでにできている諸階級を現実的基礎にしている」（MEW 3 : 33/29）．国家は分業による疎外の発生によってすでにできあがっているのだが，直接的には階級を基礎とする．よって階級を廃止することは国家消滅の必要条件であるが，十分条件ではない．

分業と階級の関係は図表 5-1 に示されるように，市場経済または商品経済と資本主義経済の関係とパラレルである．資本主義経済は単純商品生産の中から発生した．そして資本主義経済はもっとも発展した市場経済である．したがって社会主義が資本主義の廃止を第一目標とすることは当然である．

しかし，資本主義を廃止したからといって市場経済がなくなるわけではない．資本主義が抑制された福祉国家は市場経済を前提とするし，平等主義をいっそう推進する市場社会主義も当然のことながら市場経済に基づく．

　以上のように国家の消滅にとって階級の廃絶と疎外の廃絶は，必要条件と十分条件の関係にあると理解できる．従来の諸説ではこの関係が明確に理解されなかった．吉田（2000）はマルクスにおける国家論の中に階級社会史観と市民社会史観の二つを見いだす．しかし両者は次のように関係づけられる．「国家の止揚についてのこの両規定の区別は，前者におけるブルジョア国家の『打倒・転覆』の方向に対して，後者は社会の疎外物としての国家の市民社会への『再吸収』の方向にある．ここに，前者の国家打倒という実践的方向は，後者の国家の止揚という構造的方向において歴史的・相対的に根拠づけられ，接合しているのである」(97)．

　このように吉田はせっかく国家止揚をめぐる二つの方向を区別しながら，結局は両者を「接合」してしまう．これに対しては田畑（2004）による批判が妥当する．「分業国家の独自性の否定ないし過小評価は，明らかに新旧スターリニズム体制のもとでの党・官僚支配の正当化とも結びついていた．なぜなら『社会』に，つまり国家機構（党を含む）の外部に，敵対的階級矛盾がない以上，『道具』としての国家に，独自の支配を認めるのはマルクス主義からの逸脱だという詭弁がまかり通ったからである」(460)．

　マルクスは階級を廃絶した後も分業と私的所有が存在するかぎり疎外があり，よって国家も残存せざるをえないと考えた．より明確に言えば，疎外国家と階級国家は時間的に分離されている．階級国家が廃絶されても疎外国家が継続する時期が存在する．この時期はいまだ分業と私的所有が支配的であるから，そこには疎外があり，よって国家も存続せざるをえない．階級国家はつねに疎外国家であるが，階級国家でない疎外国家は存在しうる．階級国家でない疎外国家は当然のことながら階級国家と「接合」しない．

4 アナーキズム

アナーキズムとマルクス主義の間で，国家廃絶の目標と手段の関係をめぐって意見の不一致が生じたのはなぜか．単なる革命戦略の食い違いであろうか．そうではない．「徹底した社会革命は，経済的発展の一定の歴史的諸条件と結びついている．それらの条件は社会革命の前提である」(MEW 18：633/642)．マルクス主義とアナーキズムの間で国家廃絶の目標と手段の関係をめぐって見解が対立した根本原因は，革命戦略ではなくて国家の存在条件についての事実認識の相違にある．マルクス主義では国家・法といった上部構造は経済的土台によって規定される．分業や私的所有という経済構造が存在するかぎり，国家の発生は必然である．もしそうした経済構造が存続するにもかかわらず，むりやり国家を廃止したとしても，何らかの新しい国家が必ず現れる．たしかにマルクスは『共産党宣言』で次のように述べている．「プロレタリアートは，その政治的支配を利用して，ブルジョアジーからつぎつぎにいっさいの資本を奪いとり，いっさいの生産用具を国家の手に，すなわち支配階級として組織されたプロレタリアートの手に集中し，生産諸力の量をできるだけ急速に増大させるであろう」(MEW 4：481/494)．

M・バクーニン ([1873] 1990) はマルクスのこうした国家利用論をもって，それが国家共産主義であると断定した．しかし，マルクス派の国家利用論は階級廃止後に国家が必要であるという価値判断ではなく，階級廃止後にも国家は残存せざるをえないという事実認識に基づいている．それは自由主義国家論が国家はないほうがよいという価値判断をもちながら，秩序問題の解決のためには国家は残存せざるをえないという事実認識をもつのと，論理的にはパラレルである．

これに対してアナーキストは経済条件と無関係に国家の廃絶を構想する．

とくに自由に最大の価値をおくアナーキストは分業と私的所有を容認する傾向がある[13]．たとえばJ・プルードン（[1863] 1982）は小生産者間の自由な商品交換に基づく連合主義を唱えた．この構想では分業と私的所有は廃止されておらず，よって疎外も克服されていない．したがってマルクス派からすれば国家が残存するのは必然なのだが，バクーニン（[1871] 1895）のようにアナーキストは，国家発生の根本原因を人々の幻想に求めたので，国家の廃絶は可能だと信じた[14]．この点では自由主義のほうがアナーキズムより慎重である[15]．

アナーキストは国家権力に対する懐疑の姿勢を強調する．しかしマルクス主義者のほうが国家については冷静な見方をしていた．すなわち上述のマルクスの文言が示すように，国家の廃絶は経済的条件が整った場合にのみ可能である．そうでないかぎりわれわれは国家・法・権利などの制度にしたがって社会変革を進めるしかない．そのような条件がないところで無理やり国家を廃止したところで，結局は新たな国家権力が，しかも法や権利などの制約を受けない，より専制的な権力が生じざるをえない．アナーキストからすればソ連型社会体制の否定的経験は，マルクス主義の国家利用論に原因があったということになろう．しかしむしろ国家が容易に廃絶できるというアナーキスト的な発想こそが，ソ連型社会体制の失敗の原因だったのである．

5　自由主義国家論

(1) 階級国家論との比較

T・ホッブズ（[1651] 1991），J・ロック（[1690] 1988）ら近代自由主義の創始者たちは，国家の必然性を秩序問題の解決という観点から導出した．自己利益を追求する諸個人は，他者と利害が対立する局面に遭遇する．両者は自らの所有する範囲を拡大するために暴力に訴える事態，すなわち戦争に

よって勝敗を決することができる．しかしこの方法では両者が共倒れに終わる危険性がある．そこですべての成員が私的な暴力の行使を断念し，それを第三者に移譲するという契約を結ぶ．そして私有財産制を前提とする市場経済を舞台にして市民は，J・S・ミル（［1859］2001）のいう危害原則を遵守しつつ競争を繰り広げる．ここでの第三者が国家である．

　自由主義においては，国家は本来ならばないにこしたことはないのだが，秩序問題を解決するためになくてはならない必要悪である．国家は私有財産制を護持するという任務のみを果たせばよい．これが自由主義国家論である．通常は自由主義国家論にはマルクス主義の階級国家論が対置され，両者は水と油のように相容れない関係にあると理解される[16]．しかし両者の国家論を冷静に比較するならば，いずれが国家をより深く洞察しているかは容易にわかるはずである．単純な階級国家論は階級がなくなれば国家がなくなると主張するのに対して，自由主義国家論は階級がなくともそこに個人間の利害対立が存在するならば，国家が発生せざるをえないと主張する．後者のほうが国家の必然性についてより徹底して考察している．自由主義国家論からすれば，たとえ階級が廃絶されたとしても国家が残存する．よってマルクス主義は自由主義を否定するのではなく，その延長線上に共産主義社会を構想しなければならないのである[17]．

（2）疎外国家論との比較

　自由主義思想の始祖たちは，国家の発生を身体と財産を私的に所有する諸個人間の対立関係から導出していた．マルクスは分業によって諸個人が分断されたことに国家の原因を見出していた．よっていずれも諸個人が分断され対立関係にあることから国家が発生すると考える点では共通していた．自由主義者とマルクス主義者の見解が異なるのは，自由主義者がそのような国家の発生が自然的必然性を有すると考えたのに対して，マルクス主義者がその

ような国家の発生は決して自然的必然性をもたず，国家がなくとも社会の秩序は保持できると考える点にある．マルクス学派の従来の議論では，自由主義とマルクス主義の国家論が多くの共通点を有することが看過されてきた．では社会主義国家論の基本を疎外国家論とするならば，それは自由主義国家論とどのような関係にあるだろうか．

第一に，両者とも国家は小さければ小さいほどよいと考える点で共通する．自由主義では国家の役割は私有財産の保護に限定される．社会主義では国家は廃絶されるべきだと考えられる点で徹底しているが，小さいほどよいという方向性では共通する．

第二に，国家はある状況では必然であると捉える点でも共通する．自由主義では秩序問題を解決するために，国家の生成は必然である．社会主義でも疎外状況があるかぎり，国家の存在は不可避である．したがって社会主義の国家論から階級国家論という要素を取り外して疎外国家論に限定するならば，それは自由主義国家論ときわめて類似する，もしくはその延長線上にあると理解することができる．

第三に，しかしマルクス主義国家論は，国家は小さいだけでなく廃絶されるべきであると考える点で自由主義国家論と異なる．自由主義は，国家は個人の権利を侵害するほど大きくてはいけないが，逆にそれを保護するためには必要であると考える．マルクス主義は最終的には国家の廃絶を志向する点で広義のアナーキズムに属する．

第四に，自由主義では国家には個人の権利を抑圧する側面がある以上，国家はないにこしたことはないのだが，国家を廃絶すると戦争状態に逆戻りして個人の権利が侵害されてしまうので，廃絶することは不可能であるとされる．これに対してマルクス主義は，国家は廃絶されるべきであると考えるだけでなく，国家は廃絶が可能であるという認識を有する．国家の原因は人々の交流が遮断される疎外にある．疎外の状況においては人間が作ったものに

人間が支配される．国家も人間が作ったものである．よって人間が国家を作らなければよいのであり，それは廃絶可能である．

6　小括

　従来はマルクス主義国家論において中心的な位置を占めてきたのは，階級国家論である．しかし，マルクス主義国家論は階級国家論のみから成り立っているわけではない．もう一つ疎外国家論という重要な構成要素があり，これこそがマルクス主義国家論の真髄をなす．本章では疎外国家論を階級国家論，自由主義，アナーキズムと比較しつつ検討してきた．それらの関係は図表5-2のようにまとめることができる．

　マルクス主義は社会変革における国家の利用をめぐってアナーキズムと対立したが，最終的に国家は廃絶可能であり，廃絶するべきであると考える点で，マルクス主義は広義のアナーキズムに含まれる．狭義のアナーキズムは国家に自己増殖的な性質があることを看破した点で優れていたが，国家が発生する根本原因を経済的土台ではなくて人々の幻想に求めたので，国家は容易に廃絶できるという楽観的認識に陥った．

　自由主義国家論は階級がなくとも個人間の利害対立が存在すれば戦争状態に陥るので，それを抑制する必要悪として国家の存在が不可避であると主張

図表5-2　社会体制と国家

	国家の原因	国家廃絶の可能性	国家の活用	社会発展論
アナーキズム	幻想	YYY	N	N
階級国家論	階級	YY	YY	Y
疎外国家論	疎外	Y	Y	Y
自由主義	戦争の抑止	N	Y	N

※Y：イエス，N：ノー．いずれも数が多いほど度合いが強くなる．

した．それは階級がなくとも国家が存続すると考える点で，単純な階級国家論よりも国家の本質を深く洞察していた．しかし自由主義国家論には疎外論がなかったので，国家の廃絶可能性を察知できなかった．

　社会主義の基本使命は疎外からの解放である．疎外を体現する二つの制度は市場と国家であるから，社会主義は両者の廃止を追求する．たしかに資本主義が廃止されれば階級がなくなるが，だからといって疎外がなくなるわけではない．疎外は分業が存在するかぎり解消されず，疎外が存在するかぎり国家は廃止されない．資本主義と階級の廃絶は疎外からの解放のための必要条件であって，それらが最終目標なのではない．疎外国家論からすれば，国家が人民を支配する共産主義社会は絶対に存在しえない．筆者は階級国家論を否定したのではない．階級国家論の基礎に疎外国家論が据えられねばならないというのが，本章の結論である．

注
1）F・ラッサール（[1862] 1919）は，国家の援助のもとに生産者協同組合の設立や普通選挙権の獲得を推進したので，彼の言動は「国家社会主義」と呼ばれた．しかし社会主義の概念が国家の廃絶をめざすことを含意するならば，「国家社会主義」はカテゴリー錯誤である．
2）Yergin and Stanislaw（1999）を参照．
3）加藤（1986）を参照．
4）Habermas（1981）を参照．
5）階級国家論者からすれば，これらの国々には実際にノーメンクラツーラのような階級が存在したのであり，それがゆえに国家が大きな権力をもったということになる．たとえば Sweezy（1980）を参照．また国家または国家官僚の利益から国家の存在を説明する「国家の絶対的自律性」論もある．たとえば Evans, Rueschemeyer, and Skocpol（1985）を参照．筆者はそのような説明の可能性を否定しない．しかし，たとえそうだとしてもやはり階級関係や国家そのものの利益のみで，国家の必然性を説明しきることは困難だ

第 5 章　疎外態としての国家

と考える．

6) たとえば Tucker (1969) を参照．田畑 (2004) はマルクスの国家概念を七つに分析する．疎外国家という規定はないが，内容上そのうちの分業国家と幻想国家に近い．
7) 斉藤 (1998, 15-16) を参照．
8) 左近 (1998, 1267) を参照．
9) マルクスの疎外論については，それが初期に限定されているとする断絶説と後期に至るまで一貫しているとする連続説に分かれる．筆者は後者をとる．松井 (2012) を参照．
10) ガバナンス論の観点からマルクスのアソシエーション論を検討した研究として，堀 (2017) を参照．
11) 村上 (1987) を参照．
12) 田口 (1998) の次の見解を参照．「マルクスの国家論は，理性国家論，疎外国家論，階級国家論，資本関係の『特殊化』としての国家として展開してきているが，それぞれは先行する規定の単純な否定ではなくて，本来の意味での止揚であったこと，したがってこれらの規定を絶対的に対立させることは誤りなのである」(175)．本文で述べたように，田口は疎外国家論がマルクスの初期から後期まで一貫していると主張していた．ここでの引用はこの主張と矛盾するわけではない．しかし，階級国家論と疎外国家論がいかなる関係にあるのかという肝心の点が「止揚」なる概念によって曖昧にされている．概して疎外国家論が階級国家論によって止揚されたという通説は，同様の欠陥を免れない．
13) 自由に最大の価値をおくアナーキストは分業と私的所有を受容する傾向があるが，マルクス主義者を含む広義のアナーキストすべてがそれを受容するわけではない．
14) マルクスも国家を「幻想的な共同性」(MEW 3：33/29) と表現するが，それが国家発生の主要原因だとは述べていない．
15) 20世紀後半にアナルコ・キャピタリズムという思想が現れた．たとえば Friedman (1973) を参照．しかし Nozick (1974) が国家の最小化を求めながら，国家の廃絶を断念したことからもわかるように，そしてマルクスが国家の発生原因を疎外に求めたように，分業と私的所有を前提にしながら国家の廃絶を達成するのは不可能である．
16) 沼田 (1951) は法と国家の階級性を説き，階級がなくなれば国家は死滅するという立場から，Kelsen (1923) によるマルクス主義批判に反論する．
17) この点は松井 (2012) が強調した論点である．

第6章　グローバル化

1　反グローバル化運動

　本章の課題は，社会主義への非資本主義的発展の道という路線の再検討を通じて，資本主義的グローバル化に対するマルクス主義のスタンスを確認し，それが今日の世界にもつ意義を考察することである．

　今日進行するグローバル化に対しては，反グローバル化の運動が対抗している．ただし反グローバル化の意味については，必ずしも統一されていない．反グローバル化を文字どおりに読めば，グローバル化に反対する運動となる．しかし，これは他国・他地域との交流を拒否する偏狭なナショナリズムを意味しかねない．そこでグローバル化そのものではなく，資本主義的なグローバル化に反対するのであるという主張も見られる．これはオルタ・グローバリゼーションと名乗り，もう一つのグローバル化を求めようとする運動である[1]．しかし問題はここで終わりではない．資本主義を前提とする政策思想には，新自由主義と社会民主主義がある．新自由主義的資本主義によるグローバル化には反対だが，社会民主主義的資本主義によるグローバル化には賛成だという議論もありうる．これは資本主義的なグローバル化に反対しているわけではない．そこで現在の資本主義的なグローバル化にはどう対処するべきかという問いに対しては，三つの選択肢がありうる．

　1　グローバル化そのものに反対．

 2 資本主義的なグローバル化に反対.
 3 新自由主義的資本主義によるグローバル化に反対.

　筆者は，2020年代の現時点ではマルクス主義者は3を取るべきであると考える．つまり，マルクス派はグローバル化そのものに反対するわけではなく，むしろ賛成である．資本主義的なグローバル化については，それがどのような資本主義かによって答えが異なる．すなわち，多国籍企業の活動を無条件で許容するような新自由主義的なグローバル化には反対である．現時点ではD・ヘルド（2004）が提唱する「グローバル社会民主主義」のように，資本主義的グローバル化を前提としたうえで多国籍企業に対する民主的規制が推進されねばならない．

　世界システム論が主張するように，資本主義は誕生の当初から世界大の経済活動の中にあった[2]．また，資本主義を対自化してそれとは異なるシステムを追求する社会主義の思想と運動も，資本主義の形成とともに存在していた．しかし，世界規模での資本主義に変わる社会主義の可能性，すなわち世界革命の可能性が土俵に上ったのは19世紀後半からであり，それはマルクス主義の形成・展開と時を同じくする．マルクス主義は原理的には，資本主義的グローバル化を重要な課題の一つとしていたのである．K・マルクスは，その理論活動の全体を通じて，共産主義社会は資本主義社会の十全な発展の上に形成可能であると主張した．しかし，その晩期においてはこの考えに動揺が見られ，資本主義を経ないで共産主義社会に到達する可能性を示唆するようになった．20世紀にはソ連・中国が主導するマルクス・レーニン主義が非資本主義的発展の道を追求したが，結果的には失敗に終わった．冷戦の終結は，新自由主義的資本主義に基づくグローバル化の時代をもたらした．

　これまでの反資本主義的グローバリゼーションの試みが失敗に終わった原因はどこにあったのか．筆者は社会主義への非資本主義的発展の道という路線にあったと考える．本章では，この観点から資本主義的グローバル化のあ

り方について考察する．第2節では，社会主義への移行についてのマルクスの見解について検討する．第3節では，社会主義への非資本主義的発展の道という路線の理論と実践を跡づける．第4節では，今後の反資本主義的グローバル化運動の方向性として，資本主義の発展としての社会主義という路線を提案する．

2　社会主義への移行についてのマルクスの学説

　本節では，社会主義に到達するには資本主義を経由する必要があるのかどうかという観点から，社会主義への移行についてのマルクスの学説を改めて検討してみよう．マルクスとF・エンゲルスは，自ら以前の社会主義を空想的社会主義と呼び，自らの科学的社会主義と区別した（MEW 19：189-228/186-225）．その基準はどこにあったか．たとえばR・オウエン（[1857]1993）は，共産主義的な共同体を資本主義社会と隔絶したところにゼロから建設しようとしたが，結局は失敗に終わった．マルクスたちが学んだのは，社会主義は資本主義社会の内側から作り出さねばならないという教訓だった．

　マルクスの疎外論は現状を批判する理論である．その背後には一種の理想状態があり，そこから乖離していることが疎外と呼ばれた．ただし，その理想状態は頭の中に築かれた空想ではない．人間が作ったものによって逆に人間が支配される転倒した状況が疎外である．人間が作ったものが人間を支配しているのだから，そのような支配を終わらせることは決して不可能ではない．現前の資本主義社会によって生産力と生産関係の面から共産主義社会が十分に構築可能であるにもかかわらず，それが実現していないことから生じる状態は，克服可能な疎外である．よってここでも資本主義社会が形成されていることが，共産主義社会を作り出すための条件なのである．

『資本論』第1部（MEW 23）における搾取論は，G・コーエン（1995）が指摘したように，自己所有権原理を前提にする．したがって資本主義的搾取から解放された社会とは，自己所有権原理が完全に否定された（狭義の）共産主義社会ではなく，この原理が維持された社会主義社会なのである．マルクスが『ゴータ綱領批判』で構想した社会主義社会は，労働貢献原理に基づいており，この点で彼の搾取論と将来社会構想は一貫する（MEW 19：15-32/15-32）．このことが含意するのは，将来の社会主義社会は資本主義社会のブルジョア的原理を残しながら徐々に（狭義の）共産主義社会へと移行することである．マルクスが批判したブルジョア的原理には，自由・平等・所有・功利・正義などが挙げられる．たとえば権利は正義に基づいており，ブルジョア的原理として（狭義の）共産主義社会の観点からは否定されるのだが，工場法など労働者の生活を擁護する権利は階級闘争の手段として活用される．

　このように把握すると，マルクスの社会主義への移行論が独特の，または弁証法的な構造をもつことがわかる．すなわち搾取論にみられるように，マルクス主義者は資本主義社会を批判する際に，（狭義の）共産主義社会の観点から超越的に批判するのではなく，資本主義社会で通用するブルジョア的原理に立脚して内在的に批判する．そして資本主義社会の次にくる社会主義社会の構想においても（狭義の）共産主義社会の必要原理をただちに第一原理とするのではなく，貢献原理というブルジョア的原理を用いる．つまり資本主義やブルジョア的原理はいったん肯定されながら，最終的には否定されるという弁証法的なアプローチがとられる．『資本論』をはじめとするマルクスの著作の多くに弁証法が用いられるのは，このためである．

　さて，社会主義への非資本主義的発展の道についてもっとも重要なのは，『経済学批判』「序言」（MEW 13：7-11/5-9）で定式化された史的唯物論である．資本主義は生産力を飛躍的に上昇させ，やがては需要・供給の両面で

第 6 章　グローバル化

定常状態が訪れる．それが(狭義の)共産主義社会が要請される局面である．東西冷戦においては両陣営が経済成長競争を演じたが，東側にとって競争する課題がそもそも間違っていた．資本主義は経済成長なしにはありえない体制であるのに対し，(狭義の)共産主義社会は経済成長よりも定常状態にふさわしい体制である．生産関係については，資本主義のもとでは生産の社会化が進行する．協業に基づく生産が発展し，株式会社のように社会的な生産を可能にする組織が出現する．ポスト資本主義社会としての社会主義社会は，資本主義社会において進行する生産の社会化を前提に，生産手段の社会的所有を追求する．よって生産関係の面でも社会主義社会の構築には資本主義が必要なのである．上部構造については，資本主義のもとでは階級闘争が進行し，労働者の権利を擁護し，職場や生活の面で平等を求める運動が進展する．その結果，能力主義や競争主義のような資本主義的な価値規範が蔓延する一方で，正義と権利，自由と民主主義を追求する価値規範も台頭する．社会主義は後者の価値規範を支援し，発展させながらその勢力を増大させていく．

　マルクスの「資本の偉大な文明化作用」(MEGA II 1 (2)：322/2：18) という議論は，上述したマルクスの学説体系と深く関わる．この議論によれば，「生産諸力の発展，諸要求の拡大，生産の多様性，自然諸力と精神諸力の開発利用ならびに交換を妨げるような，いっさいの制限を取り払っていくもので」あり，「資本そのものによる資本の止揚へと突き進ませるであろう」(MEGA II 1 (2)：322-23/2：18-19)．「資本の文明化作用」論のもっとも大きな特色は，資本主義の発展が資本主義の止揚をもたらすという逆説的な主張である．疎外とは，人間自身が作ったものによって人間が支配される状態を表す．疎外は人間が作り出した状態だから，人間がそれを廃止することは可能である．史的唯物論が示すように，資本主義が発展することによって資本主義的な疎外が生じるが，それとともに疎外を廃止する条件も整う．そこで初めて疎外の廃止が課題になる．マルクス主義者はもちろん資本主義

に反対するのだが，資本主義の発展がその止揚の要因をもたらし，社会主義を準備するという点においては，資本主義を肯定するのである．

イギリスのインド支配をめぐるマルクスの評論は，「資本の文明化作用」論の世界市場への応用版である．「問題は，人類がその使命を果たすのに，アジアの社会状態の根本的な革命なしにそれができるのかということである．できないとすれば，イギリスが犯した罪がどんなものであるにせよ，イギリスはこの革命をもたらすことによって，無意識に歴史の道具の役割を果たしたのである」(MEW 9：133/127)．

資本主義の発展は，たしかに小商品生産者を没落させるだけでなく，搾取や疎外をも拡大していく．だが，それによって資本主義的生産は限界にぶつかり，資本家階級と労働者階級の敵対関係を深刻化させる．そして資本主義社会の発展はそれを推進する資本家の意図にかかわらず，結果的にはこの社会の廃棄をもたらすことになる．本章の課題である資本主義的グローバル化についてこの議論を適用すれば，現在進行中の資本主義的なグローバル化が，今も残る非資本主義的な地域にまで広がっていくことを，マルクス主義者は肯定するという結論が得られる[3]．

3　非資本主義的発展の道

本節では，マルクス主義における非資本主義的発展の道がどのような歴史的経過を辿ったかを跡づける．マルクスは彼の理論体系全体としては，社会主義は資本主義を通じてのみ到達可能であると考えていた．しかし晩年には，それとは反対に資本主義を通過せずに社会主義へと到達する可能性をしばしば示唆した．マルクスは1881年にロシアの革命家ザスーリチに当てた手紙の草稿で次のように述べる．「ロシアの共同体を救うには，一つのロシア革命が必要である．……もしも，農村共同体に自由な飛躍を保障するために革命

が全力を集中するならば,〈ロシア社会の知性ある部分が〉〈ロシアの知性がその国のすべての生命ある勢力を集中するならば,〉農村共同体は,まもなく,ロシア社会を再生させる要素として,資本主義制度によって隷属させられている諸国に優越する要素として,発展するであろう」(MEW 19：394-95/398).

さらにマルクスはその直後の1882年に『共産党宣言』ロシア語第二版の序文で,ロシア革命と社会主義の関係について言及した.「ロシア革命が西欧のプロレタリア革命にたいする合図となって,両者が互いに補い合うなら,現在のロシアの土地共有制は共産主義的発展の出発点となることができる」(MEW 4：576/593)[4].ロシアにおける革命は,西欧における社会主義革命と連動するならば,ロシアに現存する農村共同体を基礎にして共産主義社会を形成することができる.これらの文言から,西欧の社会主義革命と連動するかぎりにおいてという限定つきではあるが,マルクスがロシアにおける社会主義への非資本主義的発展の可能性を示したと,解釈する余地はある.

V・レーニンはマルクスが示唆したロシアにおける非資本主義的発展の道を,帝国主義段階にある資本主義に適用しようとした.彼によれば,帝国主義段階にある資本主義諸国の不均等発展とその結果としての戦争は,不可避である.そこで彼は,帝国主義国の鎖におけるもっとも弱い環であるロシアにおいて革命は可能であると考えた.さらに彼は革命後の1920年,共産主義インターナショナル第二回大会において,資本主義が未成熟な段階にある後進国でも,先進国プロレタリアートの援助を得ることができるならば,資本主義的発展段階を飛び越えて共産主義へと移行できると主張した[5].「共産主義インタナショナルは,先進国のプロレタリアートの援助をえて,後進国はソヴェト制度へうつり,資本主義的発展段階を飛びこえて,一定の発展段階を経て共産主義へうつることができるという命題を確立し,理論的に基礎づけなければならない」(Lenin［1920］1966, 244/237)[6].

J・スターリン（[1924] 1953a）は，レーニンの主張を次のように要約した．「だがレーニンの革命理論は，次のようにこれを反駁する——いやそうではない，かならずしも工業がよりよく発展している等々のところだというわけではない．資本の戦線は帝国主義の鎖が他よりも弱いところで断ち切られるものである」(100/112)．スターリン（[1926] 1954）は，さらに先進国で社会主義革命が起こらない場合でさえも，「一国での社会主義の勝利の可能性」(69/89) が存在すると主張した．

　ロシア革命時のロシアは，1861年の農奴制廃止までは封建制経済が基本で，産業の発展が進まなかった．農奴制廃止後も地主が小農民から搾取する状況が続いていた．20世紀末期になって初めてP・ストルイピンの改革により，サンクトペテルブルクを中心に産業革命が進行し，資本主義的大工業が形成された．とはいっても1897年の産業別就業人口比率では，農業が74.6％，製造業・鉱業・建築業が9.6％，商業・運輸業が5.4％であった[7]．1913年の時点で，ロシアの産業構造は農業に偏り，鉱工業の重要部分は西側資本に握られていた．国民の識字率は21％にすぎなかった[8]．1917年の時点でもロシアは資本主義としては未熟な後進国の位置にあった．当時のロシア経済の第一課題は生産力の発展であり，「社会主義」を自称する政権がこの課題を担うことになった[9]．ソ連は第二次世界大戦後，西側と経済成長競争を繰り広げたが，経済の情報化，サービス化，グローバル化の波に乗ることができず，崩壊に至る．B・エリツィン政権下のロシアは国営企業の民営化を進めた．その結果，政府がオリガルヒと呼ばれる一部の財閥に利権を供与し，財閥はその見返りに政府を経済的に支えるという経済体制に移行した．今日のV・プーチン政権化のロシアは，権威主義的な政治，国家主導の資本主義，そしてウクライナ侵攻に見られるような帝国主義的拡張政策をとる．プーチンがかつてソ連KGB（国家保安委員会）の職員であったことは，ソ連型社会体制の実態が現在のロシアにほとんど等しかったことを物語る．

東欧のほとんどの国々も第二次世界大戦前の時点では，資本主義が遅れた状態にあった．1930年の産業別就業人口比率では，アルバニア，ユーゴスラビア，ブルガリア，ルーマニアなどは鉱工業が約10％，農・漁業が約80％で，とくに重工業をこれから創出していかねばならなかった．例外は東ドイツとチェコスロバキアで，鉱工業が40％の比率であった[10]．ただしこれらの国々も資本主義の成熟段階に到達していたわけではない．

中国では，清朝末期に洋務運動によって近代的な工場の建設が進められた．しかし，基幹産業である鉄鋼・石炭・機械は外国資本に掌握されていた．軽工業で民族資本が存在したにすぎなかった．中華人民共和国成立直後の1952年では，生産構成では第一次・第二次産業がそれぞれ50.5％，20.9％，就業構成比では83.5％，7.4％であり，前工業化社会の段階にあった[11]．毛沢東は内戦勝利直後，資本家階級の存続と発展を許容する「新民主主義論」の実行を構想していた．しかし，1953年には「新民主主義論」は放棄されて「過渡期の総路線」が確定され，「プロレタリア独裁」のもと急速な国有化・集団化が進められることになる．1958年からは農工業生産の飛躍的拡大を目的とする「大躍進運動」が開始され，その一環で導入された人民公社は農業のみならず工業も担う集団生産の組織であった．「大躍進運動」は経済メカニズムや生態系のバランスを無視した政策であったため，生産量は逆に落ち込み，数千万人の餓死者を出す大失敗に終わった．この危機的状況から脱出するための調整政策が1960年代前半，劉少奇と鄧小平によって進められた．しかし毛沢東はこの政策を資本主義の復活と批判して巻き返しを図った．「文化大革命」という政治闘争は1966年から10年間続き，その間は経済政策的にも混乱が続いた．

1978年に復権した鄧小平は「四つの近代化」を掲げ，市場経済を大幅に導入する路線が始まる．その後，中国は「社会主義市場経済」の名のもとに明確な国家資本主義の路線をとり，急速な経済成長を実現した[12]．2010年には

GDP（国内総生産）で日本を抜き，世界第2位となる．中国のマルクス主義研究者は，「カウディナのくびき門を通ることなしに」すなわち資本主義を経由せずに，東方社会主義または中国特色社会主義の建設を推進するべきだと主張する[13]．経済面では明らかに資本主義路線をとっているにもかかわらず，政治的には一党独裁と権威主義をとり，それをもって社会主義だと強弁する中国政府の立場を，彼らは弁護する．

　1950年代から60年代にかけて，アジアやアフリカの旧植民地は政治的な独立を達成した．これらの国々は当初，西欧型の近代化に基づく開発を追求したが，成功しなかった．その経験から登場したのが従属理論である．

　その代表者であるS・アミン（[1970] 1974）は，史的唯物論における発展段階論を拒否する．「マルクス主義の退歩は，折衷派の歴史とほとんど同じくらい非科学的な，〈文明の諸段階〉（原始共産制，奴隷制，封建制，資本主義，社会主義，共産主義）という機械論的理論にむすびついた」（138/第2分冊：11)．彼によれば，資本主義の発展は中心と周辺では異なる形態をとる．「中心部において，資本制生産様式が単一形態へとむかうにしても，周辺部ではこのようなことは起こらない．その結果，周辺部の諸構成体は，基本的に中心部のそれとは異なってくる．これらの周辺部構成体の形態は，一方では，当初の前資本主義的構成体の性格に左右され，他方では世界経済体制へのこれらの統合形態と時期に依存する．……周辺部におけるこの資本主義発展の新しい道は，資本主義への移行様式をなすものではいささかもなく，むしろ，中心－周辺という新たな関係を編成していく未来の形態の現われにほかならない」（Amin [1973] 1976, 202-3/205-6)．

　周辺では資本主義が前資本主義的生産様式を排除せず，前資本主義的生産様式と資本主義的生産様式が接合したままで共存するので，周辺が中心と同じように資本主義を発展させることは不可能である．そこで周辺が発展していくためには，世界資本主義からの離脱が必要となる．「デリンキングとは，

世界的な価値法則の要求への従属を拒否すること，あるいは，世界的に展開する資本の再生産要求を体現した世界価格システムに仮定されている『合理性』への従属を拒否することである」(Amin 1990，70/97)[14]．

アミン（1990）は，離脱とは自給自足経済の建設をめざすものではないと断っている．しかし，それは「農業優先」(160/223)であり，かつ「自力更生的」(90/124)であって，非資本主義的な発展を企図する．しかも社会主義への移行を先導するのは，中心にある先進資本主義国ではなくて周辺である．「世界的規模での移行は，周辺部の解放に始まって切り拓かれる．……諸国間の不均等という今日の条件のもとでたんに低開発の発展ではないような発展は，その置かれている世界的な条件によって，同時に民族的で，人民民主主義的で，社会主義的なものとなろう」(Amin [1973] 1976，383/397)．

アフリカの多くの植民地は1960年に独立を成し遂げた．彼らの課題は旧宗主国から経済的にも独立を果たすことであった．そこでアフリカの一部の国々は，資本主義経済に距離をおくために「社会主義」の看板を掲げたので，「アフリカ社会主義」と呼ばれた．その好例がタンザニアのJ・ニエレレ大統領による「ウジャマ社会主義」である．ウジャマとはスワヒリ語でアフリカに伝統的な家族の連帯を意味する．ニエレレは農村を集団農場化し，相互扶助の精神の上に社会主義建設を進めようとした．しかし農民の理解を得ることができず，ウジャマ政策は頓挫する．1980年代にはタンザニアは世界銀行とIMF（国際通貨基金）による構造調整政策を受け入れ，市場原理を強化することになる．タンザニア経済は資本主義の形成が不十分であり，そこに伝統的紐帯に基づいて農業を中心にした社会主義を築こうとしても失敗は必至であった．「アフリカ社会主義」は1980年代には消滅していった[15]．

中南米では1990年末から2000年代にかけて左派政権が相次いで発足し，「ピンクの潮流」と呼ばれた．2010年代は新自由主義派の巻き返しを被るが，2020年代には政権を奪還しつつある．中南米の社会主義に関わる勢力は三つに分

類できる．第一のグループはソ連型社会体制に依拠するキューバである．共産党一党独裁のもとで民主主義は制限され，生産力は停滞して国民の生活水準は低い．第二のグループはニカラグアとベネズエラで，当初は「社会主義」を掲げる勢力が選挙を通じて政権を獲得し，重要産業の国有化，社会保障・教育の充実，貧困者救済などに取り組んだ．しかしその後，次第にソ連型社会体制へと移行し，権威主義と統制経済に陥っている．中南米の人民は，前近代的な大土地所有制とアメリカが後押しする軍事独裁政権のもとで圧政と貧困に苦しんできた．そのため資本主義が十分に定着していなかったにもかかわらず，「反米」と「社会主義」が大衆の支持を得やすく，それが第一と第二のグループのようにソ連型社会体制をもたらす土壌となった．しかし本家のソ連と同様に，権威主義と統制経済に基づく支配は永続しないだろう．第三のグループはそれ以外の中南米の多くの国々で，1990年代末以降，新自由主義派と政権交代を繰り返しつつも，2020年代には再び政権を取り戻しつつある．このグループでは社会民主主義派が地道な社会運動を繰り広げ，政権についてからは福祉国家資本主義を指向しつつ，人権尊重と民主主義を推進してきた．今後「21世紀の社会主義」（Dieterich 2006）として期待できるのは，第三のグループである[16]．

　従属理論は，周辺にある途上国は中心にある先進国からの収奪によって，決して従属的な地位から脱することはできないと主張してきた[17]．しかし，アジアNIES（新興工業経済地域）の事例に見られるように，実際には途上国から先進国へと転換した国も現れた．これらの地域では資本主義の成熟に応じて社会主義的な運動が進展するであろう．周辺にあった国々が中心へと移行した原因には，中心にあった先進国の変化も考慮されねばならない．先進国では経済成長が鈍化して定常状態が到来するとともに，主な製造業は海外に移転していく．ここに周辺が発展する機会が生まれる．従属理論では世界経済の変化を説明できない[18]．

非資本主義的発展の道というテーゼは，ソ連型社会体制のように自称「社会主義」を正当化するために用いられるとともに[19]，旧植民地諸国でも従属理論のように自力更生による社会主義路線に適用された[20]．これまで社会主義を社会体制として指向したのは，すべて資本主義の発展が不十分な途上国ばかりであり，それらの中で成功した国々は皆無に近い．ソ連型社会体制の中核であったソ連・東欧の国家はすでに崩壊した．ソ連型社会体制として残った中国は国家資本主義の路線をとっている．「アフリカ社会主義」はすでに挫折した．中南米では資本主義と自由主義・民主主義を拒否する第1・第2グループは，権威主義と統制経済によって閉塞状況にある．資本主義発展が不十分な社会は，空間的に資本主義世界から「切断」できないし，時間的にも資本主義を「飛び越え」られないのである．非資本主義的な道を通じた社会主義建設という路線は，歴史的経験を通じて失敗が明らかになった．
　第二節で概観した，社会主義への移行についてのマルクスの学説のうち，史的唯物論の観点から非資本主義的な道を検討しよう．生産力の面ではこれらの国々は資本主義が未成熟な段階にあった．この状況においてこれらの国々は，資本主義ではなくて「社会主義」の名のもとに経済発展を試みた．これが大きな失敗であった．社会主義は，資本主義が経済成長を経験し，定常状態に入った段階で初めて可能になる．非資本主義的な道をとった国々は，この順番を間違えてしまったのである．
　生産関係の面では，生産の社会化が進んでいることが，社会主義に移行するためには必要であった．生産の社会化とは株式会社に見られるように，資本主義経済の発展につれて生産が社会的に組織され，その影響力と責任が社会的規模になっていることを指す．しかし，上述の国々では資本主義が形成期にあったために，生産の社会化が進んでいなかった．これらの国々で一様に国家セクターが肥大化したのは，強制的に生産の社会化を推進した帰結である．

上部構造の面でもこれらの国々はきわめて遅れていた．資本主義社会では身体と財産の自由や私有財産権のような基本的人権が法的に保障される．共産主義社会の観点からすれば，それらは社会体制にとって絶対的な原理ではない．しかし資本主義社会を批判し，次の社会すなわち社会主義社会へ移行するには，このような自由主義的原理は最大限に尊重されねばならない．ところがソ連型社会体制では，自由主義的原理は一切否定され，それに対して「プロレタリア的」と称する権威主義的な法・道徳が対置されることになった．自由主義的原理は超越的にではなく，内在的に否定されねばならない．これらの国々では自由主義の発展として社会主義を把握できなかったために，政治的にも人々を抑圧する体制になってしまったのである．

4　資本主義の発展としての社会主義

　第二次世界大戦後の先進国は，ケインズ主義的な修正資本主義または混合経済，マルクス学派からいえば国家独占資本主義のもと，フォード主義的な蓄積体制を通じて高度経済成長を達成し，資本主義の黄金時代を迎えた．また高度経済成長による豊富な財源を基盤に福祉国家を築き上げ，完全雇用政策や社会保障を充実させた．このケインズ主義的福祉国家を誕生させ支えるうえで，社会民主主義の勢力は大きな役割を果たした．

　社会民主主義はそもそも19世紀末，ドイツ社会民主党のE・ベルンシュタイン（[1899] 1991）が議会制民主主義を通じた漸進的な社会改良を唱えたことに始まる．K・カウツキー（[1899] 1976）らの「正統派」マルクス主義が，ベルンシュタインの漸進的改革路線は革命を否定する「修正主義」であると断罪して以降，両者は対立することになった．1914年の第一次世界対戦の勃発で，社会民主主義政党が城内平和路線をとった結果，第二インターナショナルは崩壊した．そして社会民主主義政党に反対する勢力が共産党を

名乗り，レーニンが主導する第三インターナショナルへと合流していった．ここに「修正主義」派と「正統派」の対立は「社会民主主義」と「共産主義」の対立へと様相を変え，冷戦後の東西対立へと継承されることになった．

第二次世界大戦後，西欧の社会民主主義政党は議会での多数派を形成して民主的な方法で政権獲得に成功し，課税と再分配に基づく福祉国家路線を実現した．資本主義の発展の内側から社会主義を追求し，社会保障・教育の面で社会主義的な制度を実現したのは社会民主主義勢力であった．

しかし先進資本主義国が1970年代に低成長時代に入ると，福祉国家の危機が叫ばれるようになり，70年代終わりから80年代初めにかけてイギリスのM・サッチャー政権や米国のR・レーガン政権のように，新自由主義を唱える勢力が台頭した．さらに80年代末から90年代初頭にかけて，ソ連・東欧の国家体制が崩壊して冷戦が終結することによって，新自由主義が主導するグローバル化が進展した．これによって先進国においては社会民主主義政党がしばしば政権を失うか，政権にあっても「第三の道」のように新自由主義的政策を採用し，社会主義的な性格を希薄化させた．

それでは今後の先進国の社会主義運動の動向をどうみるべきだろうか．先進国では生産力と生産関係の面では社会主義を形成する条件は十分に整っているし，上部構造の面でも今後，社会主義的な意識が醸成される可能性がある．

生産力の面では，先進国の資本主義は社会主義に移行してもよい段階に達している．これらの国々は高度経済成長を経て今はゼロ成長段階に入り，人口も一定に落ち着く定常状態にある．経済の脱工業化，サービス化，情報化が進み，物の消費よりも情報・サービスの消費が重要になった．また自律型ロボットやAI（人工知能）などの発展によって，労働が人間の基本的な営みではなくなりつつある．欧州でベーシック・インカムが注目されているのは，労働と福祉を分離する傾向が強まっているからである．マルクスが唱え

た労働の廃絶が現実味を帯び始めている．家電製品のような耐久消費財はほとんどの家庭に普及し，国民の必要は基本的に満たされ，消費性向も低下した．若い世代では消費のみならず所有に対する欲求が下がる傾向にある．先進国では必要生産物は平等主義的な分配が実施されるなら十分にまかなえるし，それによってすべての国民が健康で文化的な生活を送ることも可能である．これ以上の経済成長は環境制約の面からしても必要ない．

　生産関係の面では，マルクスが生産の社会化の実例としてあげた株式会社の民主化が進んでいる．私有財産制を厳格に遵守するならば，株式会社は株主の私的な所有物であり，従業員には経営に対する発言権はない．しかし，巨大企業の有する社会的影響力は絶大であるがゆえに，企業の社会的責任が問われるようになる．企業の経営に労使の共同意思決定を義務づける，ドイツの共同決定法や，労働者が株主として企業の直接的な管理を可能にする，スウェーデンの労働者基金は，資本賃労働関係を根本的に変えようとする試みである．またCSR（企業の社会的責任）が重視されるとともに，企業は単なる株主の私的所有物ではなく，すべてのステークホルダーが何らかの利害関係を有するという考え方が定着しつつある．所有と消費の関係をめぐっては，シェアリング・エコノミーが台頭してきた．それは利潤原理に基づく点で資本主義の枠内にあるが，所有ではなく分かち合いの原理に基づく点では，生産と消費の社会化の新しい形態であり，しかも集権型でない分散型の社会主義につながる可能性を有する．

　上部構造の面でも，物の豊かさではなくて心の豊かさを重視する傾向や，自由時間こそが人間性の開花の源泉であるという考え方が強まり，気候変動の悪化を受けて自然環境保護への意識がますます高まってきた．このような状況のもとで経済成長と大量生産・消費・廃棄を基本とする資本主義は敬遠され，定常状態のもとで自然との調和とコミュニティを重視するライフスタイルが広がっている．その中で社会主義への指向が徐々にではあれ，増えつつ

ある[21]．

　新自由主義からの巻き返しがしばしば見られるとはいえ，それに対抗して社会民主主義派は国家と市場からの依存を減らし，NGO（非政府組織）やNPO（非営利組織）のようにアソシエーションの比重を高めてきた．それは福祉国家から福祉社会への転換と呼ぶこともできる．スウェーデンにおけるフリー・コミューンや英米における自治体主義（municipalism）はその好例である．現在，新自由主義からの攻撃によって守勢に立たされているとはいえ，福祉国家的な制度には不可逆的な頑強性がある．今後の課題は，新自由主義による小さい国家の路線に対して，大きな国家を再び対置するのではなく，この機会に自治体やアソシエーションの次元での福祉社会化を推進することである．先進国における社会主義への指向はさまざまな困難に見舞われながらも，現在も命脈を保っているし，今後の新たな展開も期待できる．

　従属理論の欠陥は，先進国の発展段階を考慮に入れていなかった点にある．先進国の経済成長が鈍化して脱工業化が進めば，半周辺にある国々には工業化と経済成長の機会が訪れる．途上国段階から抜け出て資本主義的な経済成長を進める中国などの国々は今後，欧米にかわって世界の中心を占める地位につくとともに，中国の南シナ海やアフリカへの進出に見られるように，帝国主義的な拡張政策も進めると思われる．しかし経済成長の度合いが鈍化するとともに，国内の階級対立が大きくなり，福祉国家の実現が課題になる．その結果，社会民主主義的な勢力がしだいに大きくなっていくであろう．

　発展途上国の当面の課題は，資本主義の発展を通じて生産力を上昇させ，国民全員が必要生産物を享受できるような段階にまでもっていくことである．新自由主義的なグローバル化が進行する現状では，たしかに自力で民主主義を尊重する資本主義を育成することは至難の技である．資本主義の発展が不十分な段階にある国々では，国家主導の資本主義のもとで権威主義に陥る傾向が強い．その国家が新自由主義的政策をとり，多国籍企業の横暴を放

置すれば，貧富の格差の解消や民主主義の発展は望めない．

そこで多国籍企業のグローバルな展開を民主的に規制し，コスモポリタンな世界経済を構築する国際的な枠組みが求められる．タックス・ヘイブンに対しては，2010年にアメリカで内国歳入庁が外国金融機関に自国民の口座情報を提供させるFATCA（外国口座税務コンプライアンス法）が成立した．それ以降，100カ国以上の国・地域で自国民の金融口座情報を自動的に交換できるシステムが構築された．2002年には国連開発資金国際会議で，国境を越えた経済取引に対して課税するグローバル・タックス（国際連帯税）が提起され，現在は航空券連帯税・金融取引税・環境税の導入が進められている．

市民主導の運動としては，先進国の消費者が途上国の製品を適正な価格で購入し，その製品の供給に携わった生産者・労働者の生活改善と自立をめざすフェア・トレードが普及している．新自由主義主導のグローバリゼーションに対抗する，オルタ・グローバリゼーションの運動に携わる諸団体が2001年に世界社会フォーラムを開催し，今日まで継続してきた．さらには世界中の民主主義的，社会主義的な運動の連携によるグローバル・ガバナンスが，今後の課題となる．2016年にはヨーロッパにおける草の根民主主義と民主的社会主義を推進するDiEM25（欧州民主主義運動2025）が発足した．こうした流れの中で先進国と途上国の連帯が進めば，途上国の福祉国家資本主義への移行は実現不可能ではない[22]．

R・ルクセンブルク（[1913] 1975）は，資本主義は非資本主義的な経済の存在を必要とすると考えた．彼女の資本蓄積についての説明には問題があるが，非資本主義経済の存在が先進国の資本主義経済に有利に働いてきたことはたしかである．だとすれば資本主義的グローバル化が進み，周辺も最終的に資本主義化されるならば，それは資本主義の存続にとっていっそう不利になることを意味する．

1980年代以降，先進国で新自由主義が福祉国家の危機に乗じて台頭するこ

とができたのは，多国籍企業がグローバル化を通じ，低賃金労働を求めて先進国から海外に移転できたからであった．しかし周辺も資本主義化が進行し，もはや低賃金労働を享受できなくなるならば，それは資本主義の行き詰まりを意味する．資本主義的グローバル化は中心を社会主義化し，そのことが周辺の自立的発展を可能にする．

　史的唯物論にしたがえば，共産主義社会の実現は資本主義の発展の上にのみ可能である．今日の世界で資本主義がもっとも発展し，成熟段階に入っているのは先進国であるから，最初に共産主義社会へと移行するのは先進国である．そのうえで先進国が途上国と協力してオルタ・グローバリゼーションの運動を展開すれば，途上国の福祉国家資本主義への発展も可能となり，さらにその次には途上国の共産主義社会への移行が課題となる．以上の考察より従属理論のテーゼとは逆に，「世界は中心から変わる」．

注
1）たとえば Pleyers（2011）を参照．
2）Wallerstein（1983）を参照．
3）本文の議論について，非資本主義的な地域が経験する痛みは過渡的だから受忍せよというように，これらの地域の人々をすべて切り捨てているような主張として，解する読者がいるかもしれない．たしかに非資本主義から資本主義への移行によって，小商品生産者の多くは労働者へと転化し，資本主義的な搾取を受けることになる．しかしその一方で階級闘争を通じて労働・生活条件を改善し，さらには社会主義へと接近する可能性が開けるのだから，長期的に見れば福祉の向上につながる．また非資本主義的な地域のほとんどは封建遺制が色濃く残る前近代的な社会であるから，それらが基本的人権を尊重する市民社会へと移行することは，歴史の進歩である．
4）「マルクスは自生的な共同体的形態を基礎として共産主義革命へ移行することに関する新たな考察を，ロシアだけに限定するつもりはなかった」（Anderson 2010, 236/348）．アンダーソンはマルクスの著作全体を精査したうえで，そこに「複線的な社会発展の弁

証法」,「グローバル資本主義に直面した今日の土着的運動の理論化についての示唆を提供する発見的例示」(245/359) を読み取る．この議論に対して Chattopadhyay (2006) は，だからといってマルクスが社会発展の一般理論を放棄したと結論づけることはできないと主張する．筆者はチャトパディヤイに賛成である．

5) ただし Lenin ([1911] 1966) は，1910年代初頭の時点では逆の見解を述べていた．「資本主義の発達をよそにしては，資本主義に勝利する保障はないのだ」(438/499).

6) マルクスとレーニンの非資本主義的発展の道についての見解を検討した研究として，福冨 (1970, 第2章) を参照．

7) Thorp (1926, 235) を参照．

8) Kahan (1989, 171), 中村 (1988, 56-58) を参照．

9) 「ともかく十月革命とは，資本主義が独自に発展しはじめてはいたが，半ば『封建的』，半ば『アジア的』な社会経済構造をもち，いぜんとして圧倒的に前資本主義的なある一つの国における最初の反帝国主義革命であったし，今もそうである．ボルシェビキたちの固い信念はともかくとして，十月革命の課題はまだ社会主義ではなく，ロシアの工業を非資本主義的な道で素早く発展させることであった」(Bahro 1977, 58/50).

10) League of Nations ([1945] 1983, 25-29), 斎藤 (1975, 180) を参照．

11) 金 (2002) を参照．

12) 趙 (2000) を参照．

13) 「カウディナのくびき門を通ることなしに」という表現は，マルクスの「ザスーリチ宛の手紙」の草稿にみられる (MEW 19, 389/392). 中国研究者の主張については，周 (2010) を参照．

14) 山田 (2012) を参照．

15) 「アフリカ社会主義」については，Friedland and Rosberg (1964), 川端 (1981) を参照．

16) ドイツの社会学者 H・ディータリッヒは，ソ連型「社会主義」とは異なる，草の根民主主義に基づく「21世紀の社会主義」を提唱した．ベネズエラの指導者 H・チャベスは政権発足当初，ディータリッヒの提言を国是として受け入れたが，政権が次第に権威主義化するに及んで，ディータリッヒとチャベスは決別した．

17) Amin ([1970] 1974) を参照．

18) 従属理論への批判については，Warren (1980) を参照．

19) 「人民大衆は，非資本主義的発展の道こそ幾世紀のたちおくれをとりかえし，生活条件をよくするための最上の道だということを理解するようになる」(Meeting in Moscow,

U.S.S.R.［1960］1961, 20/35).
20) 若森（1993）を参照.
21) Wallerstein（1992）は，アメリカ合衆国が擬似社会主義化するシナリオを予想する.
22) この段落とその前の段落について，Fisher and Ponniah（2003），Held（2004），上村（2016），松下（2022）を参照.

第 7 章　結論

　本書では，経済成長・労働・国家・グローバル化についてのマルクス派の見地に立脚したうえで，社会民主主義と社会主義の関係を考察するというアプローチをとった．ただしマルクス派において，これら四つの論点に対する確定した見解が存在したわけではない．彼らは資本主義の形成期には，経済成長，労働の奨励，国家による制御，経済ナショナリズムを推進してきた．しかし成熟期には，定常型社会，脱労働，国家の縮小，コスモポリタニズムを指向するようになる．

　史的唯物論からすれば，四つの論点に対するマルクス派のスタンスが資本主義の形成期と成熟期で変わることに問題はない．しかし，マルクス派においてそもそも四つの論点に対するスタンスが明確でなかったことは認めねばならない．そこで本書では，四つの論点がマルクスの理論体系においてどのように論じられているかを検討したのである．

　したがってマルクス派の社会民主主義に対する評価とは，マルクス派の確立した観点が最初からできあがっていて，それに立脚して社会民主主義を査定したものではない．マルクス派自身の四つの論点に対する見解も，史的唯物論や疎外論を基準としながら，資本主義の発展段階を踏まえて変化してきたのである．

　ロシア革命と第一次世界大戦の後，社会主義運動はソ連を盟主とするマルクス・レーニン主義または「共産主義」と，西欧資本主義国における社会民主主義に分裂したとされる．マルクス・レーニン主義こそが体制として社会

主義を確立した点で正統派であり，社会民主主義は資本主義の中での部分的な改良に甘んじる点で修正派であるという理解が，社会主義運動の中では広がった．しかし，ロシア革命後のソ連における全体主義・統制経済とその崩壊，中国における今日の資本主義化と権威主義的統治という経験からは，マルクス・レーニン主義なるものが社会主義とは無縁であったという判定が得られる．

　社会民主主義には資本主義勢力による戦争への加担など致命的な欠陥があったことはたしかである．しかし先進資本主義国において民主主義を拡大しつつ，福祉国家を通じて社会主義的な制度を拡大してきた点では，社会民主主義の貢献はきわめて大きい．社会主義とは自由主義と資本主義の発展を十分踏まえたうえでその矛盾を内在的に克服しようとする思想・運動である．社会民主主義は，議会制民主主義を通じて政権の獲得をめざし，経済における産業民主主義の進展を通じて社会主義の理念に漸次的に接近しようとする点で，むしろ社会主義運動の本流の位置を占めてきたと評価できる．

　1980年代以降，先進資本主義諸国で新自由主義政策が支配的となって40年が経過した．その結果，金融の経済化によってリーマン・ショックにみられるように経済の不安定性は増大した．貧富の格差は大きく広がり，気候変動の被害は深刻化してきた．新自由主義路線の誤りが誰の目にも明らかになり，資本主義を擁護する人々からも新自由主義とは異なる「新しい資本主義」が提唱されるに至った．

　たしかに新自由主義の影響が強い先進国では，当面は福祉国家の再建が必要である．福祉国家はこの40年間で縮小したとはいえ，完全に消滅したわけではない．福祉国家のもとでの社会資本の整備や社会保障の充実は歴史の不可逆的な流れであり，新自由主義政権をもってしてもこれを完全に解体することはできなかった．そこで左派の当面の目標は，新自由主義のもとで縮小した福祉国家を再び従来の規模に復元することである．

第 7 章　結論

　しかし大局的にみれば，福祉国家を通じて資本主義の中で社会主義的な制度を充実させるというタイプの社会民主主義は，限界に逢着している．1980 年代以降の新自由主義政策の浸透，グローバル化と情報化の進展によって，一国内で政府が企業の営利活動を規制し，課税・再分配を通じて社会保障を整備するという福祉国家的政策は通用しなくなった．

　2020 年代の現在，本書で提示した四つの論点——経済成長，労働，国家，グローバル化——からすれば，資本主義経済のもとで福祉国家を推進する社会民主主義はその役割を終えた．先進資本主義国における福祉国家は，一時的には存続可能であっても未来永劫にわたって存続しうる体制ではない．

　これを別の角度から捉えると，エコロジーと人間の自己実現を尊重する定常経済，ME 化と IT 化など情報技術の革新による労働の廃棄，アソシエーションによる共同事務の継承と国家の相対化，そして国家の枠組みを超えたコスモポリタンな共同体社会の可能性は，共産主義社会への移行がわれわれにとって，これからすぐに取り組まねばならない課題になったことを示す．

　今後，先進資本主義国は生産手段を社会的所有にする共産主義社会へと移行することが必要である．市場経済を一挙に廃止することは困難なので，生産手段の社会的所有のもとで市場経済を活用した市場社会主義が追求されることになろう．しかし市場経済の不安定性からすれば，市場社会主義も永続可能な社会システムではないから，計画経済に基づく共産主義社会への移行が不可避である．このようにして社会民主主義は，再建福祉国家と市場社会主義を経由して，共産主義社会を指向する社会主義へと進化しなければならない．

　ところで福祉国家を推進してきた社会民主主義派は，二つに区分される．右派は福祉国家を「人間の顔をした資本主義」として存続させることを主張し，生産手段の社会的所有を制度的条件とする社会主義へと移行することには反対する．左派は福祉国家のもとでの平等主義的制度を漸進的に拡大し，

最終的には生産手段の社会的所有にまで進むことを主張する．

高度経済成長期から新自由主義からの攻撃を受ける時期に至るまで，福祉国家を擁護するという点では右派と左派の目標は一致していた．ところが福祉国家の永続的な存立可能性が小さくなった現在，それでも福祉国家を維持しようという右派と，福祉国家を再建した後は社会主義へと進むべきであるとする左派の対立は鮮明になってきた．

福祉国家の存続が困難になり，しかも社会主義への移行可能性が大きくなっているにもかかわらず，社会民主主義右派が福祉国家に固執して「人間の顔をした資本主義」を永続化させようとするならば，それは歴史の進歩に逆らう反動であり，反社会主義である．逆に，社会改良を積み重ねることによって社会主義への移行をめざす左派の姿勢は，もはや社会民主主義というよりは社会主義と呼ぶにふさわしい．しかもマルクス・レーニン主義が社会主義とは無縁であることが明らかになった現在，社会民主主義左派の路線こそが今日もっとも期待できる社会主義の潮流であるということができる．

社会主義は先進資本主義国でこそ可能であるというのが，本書の主張である．それでは発展途上国はどういう道を歩むべきか．左派が政権を握る途上国の目標は，生産手段を一気に社会的所有に転換したり，計画経済を無理やり押しつけたりすることではなくて，資本主義の順調な発展を経たうえでの福祉国家の建設である．つまり現時点で途上国に求められるのは，資本主義の枠内で社会改良を進める社会民主主義への移行である．たしかに多国籍企業が世界を自由に移動し，世界銀行やIMF（国際通貨基金）など先進国に有利な政策を進める国際機関が世界を支配する現在，途上国が資本主義を発展させながら，民主主義を定着させて福祉国家へ移行することは，きわめて困難である．それだからこそ先進国は早急に社会主義へと移行することによって，多国籍企業の行動を規制するとともに国際機構の改革を通じて，途上国における福祉国家資本主義の順調な発展を支援しなければならない．先

進国の社会主義化は，途上国そして世界社会のためにも必要なのである．

　社会民主主義は，福祉国家資本主義を乗り越えて共産主義社会を指向することによって，社会主義の中に発展的に吸収される．以上が社会民主主義と社会主義の関係をめぐる本書の結論である．

参考文献

　下記の文献については，次のように略記する．邦訳頁数については，原書頁数にスラッシュを加え，その後に巻数と頁数を示した．

Karl Marx - Friedrich Engels : Werke. Berlin : Dietz Verlag, 1956-90. 大内兵衛・細川嘉六監訳『マルクス＝エンゲルス全集』大月書店，1959-91年．
　　例）Bd. 23, S. 182,『全集』邦訳220頁……（MEW 23：182/220）．

Karl Marx - Friedrich Engels : Gesamtausgabe, 2．Abteilung, Bd. 1-2, Berlin : Dietz Verlag, 1976-81. 資本論草稿集翻訳委員会訳『マルクス資本論草稿集』大月書店，1981-93年．
　　例）Bd. 1, Teil 2, S. 589,『草稿集』第2巻，邦訳500頁……（MEGA II 1（2）：589/2：500）．

Althusser, Louis. 1965. *Pour Marx.* Paris : François Maspero. 河野健二・田村俶・西川長夫訳『マルクスのために』平凡社，1994年．
Amin, Samir.（1970）1974. *Accumulation on a World Scale : A Critique of the Theory of Underdevelopment.* Translated by Brian Pearce. New York : Monthly Review Press.『世界的規模における資本蓄積』柘植書房，（第1分冊）野口祐・原田金一郎訳『世界資本蓄積論』1979年，（第2分冊）野口祐・原田金一郎訳『周辺資本主義構成体論』1979年，（第3分冊）原田金一郎訳『中心＝周辺経済関係論』1981年．
―――．（1973）1976. *Unequal Development : An Essay on the Social Formations of Peripheral Capitalism.* Translated by Brian Pearce. New York : Monthly Review Press. 西川潤訳『不均等発展：周辺資本主義の社会構成体に関する試論』東洋経済新報社，1983年．

―――. 1990. *Maldevelopment : Anatomy of a Global Failure*. Tokyo : United Nations University Press. 久保田順・戸崎純・高中公男訳『開発危機：自立する思想・自立する世界』文眞堂，1996年.

Anderson, Kevin B. 2010. *Marx at the Margins : On Nationalism, Ethnicity, and Non-Western Societies*. 平子友長監訳『周縁のマルクス：ナショナリズム，エスニシティおよび非西洋社会について』社会評論社，2015年.

Aoki, Masahiko. 2001. *Toward a Comparative Institutional Analysis*. Cambridge, MA : MIT Press. 滝沢弘和・谷口和弘訳『比較制度分析に向けて』NTT出版，2003年.

Arendt, Hannah. 1958. *Human Condition*. Chicago : Chicago University Press. 志水速雄訳『人間の条件』筑摩書房，1994年.

Bahro, Rudolf. 1977. *Die Alternative : Zur Kritik des real existierenden Sozialismus*. Köln : Europäische Verlagsanstalt. 永井清彦・村山高康訳『社会主義の新たな展望Ⅰ：現実に存在する社会主義の批判』『社会主義の新たな展望Ⅱ：普遍的解放のための戦略』岩波書店，1980年.

Bakunin, Mikhail A.（1873）1990. *Statism and Anarchy*. Translated by Marshall S. Shatz. Cambridge, UK : Cambridge University Press. 左近毅訳『国家制度とアナーキー』白水社，1999年.

―――.（1871）1895. "Dieu et l'état." In vol. 1 of *Michael Bakounine Œuvres*, 261–326. Paris : P.-V. Stock. 勝田吉太郎訳「神と国家」『プルードン バクーニン クロポトキン』（猪木正道・勝田吉太郎 責任編集『世界の名著』53）237–82, 中央公論社，1980年.

Basic Income Earth Network. n. d. "About Basic Income." Accessed Jun. 14, 2024. https : //basicincome.org/about-basic-income/

Baudrillard, Jean. 1973. *Le miroir de la production : Ou, l'Illusion critique du materialisme historique*. Paris : Editions Galilée. 宇波彰・今村仁司訳『生産の鏡』法政大学出版局，1981年.

Beer, Max. 1919. *A History of British Socialism*, 2 vols. London : Allen & Unwin. 大島清訳『イギリス社会主義史』全4冊，岩波書店，1968年.

Benton, Ted. 1989. "Marxism and Natural Limits : An Ecological Critique and Reconstruction." *New Left Review* 178 : 51-86.

Bernstein, Eduard. (1899) 1991. *Die Voraussetzungen des Sozialismus und die Aufgaben der Sozialdemokratie.* Berlin : Dietz. 佐瀬昌盛訳『社会主義の諸前提と社会民主主義の任務』ダイヤモンド社, 1974年.

Block, Fred. 2011. "Reinventing Social Democracy for the 21st Century." *Journal of Australian Political Economy* 67 : 5-21.

Boyer, Robert. 1987. *La théorie de la régulation : Une analyse critique.* Paris : La Découverte. 山田鋭夫訳『レギュラシオン理論：危機に挑む経済学』藤原書店, 1990年.

Callinicos, Alex T. 2001. *Against the Third Way : An Anti-Capitalist Critique.* Cambridge, UK : Polity. 中谷義和監訳『第三の道を越えて』日本経済評論社, 2003年.

Chattopadhyay, Paresh. 2006. "Passage to Socialism : The Dialectic of Progress in Marx." *Historical Materialism* 14 : 45-84.

Cohen, Gerald A. 1988. *History, Labour and Freedom : Themes from Marx.* Oxford : Clarendon Press.

―――. 1995. *Self-Ownership, Freedom, and Equality.* Cambridge, UK : Cambridge University Press. 松井暁・中村宗之訳『自己所有権・自由・平等』青木書店, 2005年.

Cramme, Oraf and Patrick Diamond. 2012. "Afterword : The New Social Democracy?" Chap. 16 in *After the Third Way : The Future of Social Democracy in Europe*, edited by Oraf Cramme and Patrick Diamond, 251-54. London : I. B. Tauris.

Crosland, Anthony. 1956. *The Future of Socialism.* London : J. Cape. 関嘉彦監訳『福祉国家の将来』全2冊, 論争社, 1961年.

Dieterich, Heinz. 2006. *Der Sozialismus des 21. Jahrhunderts : Wirtschaft, Gesellschaft und Demokratie nach dem globalen Kapitalismus.* Magdeburg : Kai Homilius.

Ellerman, David P. 1993. *Property and Contract in Economics : The Case for Economic Democracy.* Hoboken, NJ : Blackwell.

Esping-Andersen, Gøsta. 1990. *The Three Worlds of Welfare Capitalism.* Princeton : Princeton University Press. 岡沢憲夫・宮本太郎監訳『福祉資本主義の三つの世界：比較福祉国家の理論と動態』ミネルヴァ書房，2001年.

―――. 1999. *Social Foundations of Postindustrial Economies.* Oxford : Oxford University Press. 渡辺雅男・渡辺景子訳『ポスト工業経済の社会的基礎：市場・福祉国家・家族の政治経済学』桜井書店，2000年.

Evans, Peter B., Dietrich Rueschemeyer, and Theda Skocpol, eds. 1985. *Bringing the State Back In.* Cambridge, UK : Cambridge University Press.

Fisher, William F. and Thomas Ponniah, eds. 2003. *Another World Is Possible : Popular Alternative to Globalization at the World Social Forum.* New York : Zed Books. 加藤哲郎監訳『もうひとつの世界は可能だ：世界社会フォーラムとグローバル化への民衆のオルタナティブ』日本経済評論社，2003年.

Fitzpatrick, Tony. 2003. *After the New Social Democracy : Social Welfare for the Twenty-First Century.* Manchester : Manchester University Press.

Foster, John Bellamy. 2000. *Marx's Ecology : Materialism and Nature.* New York : Monthly Review Press. 渡辺景子訳『マルクスのエコロジー』こぶし書房，2004年.

Friedland, William H. and Carl G. Rosberg, Jr., eds. 1964. *African Socialism.* Stanford, CA : Stanford University Press.

Friedman, David. 1973. *The Machinery of Freedom : Guide to a Radical Capitalism.* 森村進他訳『自由のためのメカニズム：アナルコ・キャピタリズムへの道案内』勁草書房，2003年.

Giddens, Anthony. 1988. *The Third Way : The Renewal of Social Democracy.* Cambridge, UK : Polity. 佐和隆光訳『第三の道：効率と公正の新たな同盟』日本経済新聞社，1999年.

Goodin, Robert E. 2001. "Work and Welfare : Towards a Post-Productivist Welfare Regime." *British Journal of Political Science* 31 : 13-39.

Habermas, Jürgen. 1968. *Technik und Wissenschaft als >Ideologie<*, Frankfurt am Main: Suhrkamp. 長谷川宏訳『イデオロギーとしての技術と科学』紀伊國屋書店, 1970年.

―――. 1981. *Theories des kommunikativen Handelns*, 2 vols. Frankfurt am Main: Suhrkamp. 河上倫逸他訳『コミュニケイション的行為の理論』上中下, 未来社, 1985-87年.

Held, David. 2004. *Global Covenant : The Social Democratic Alternative to the Washington Consensus*. Cambridge, UK: Polity. 中谷義和・柳原克行訳『グローバル社会民主政の展望：経済・政治・法のフロンティア』日本経済評論社, 2005年.

Hirst, Paul. 1994. *Associative Democracy : New Forms of Economic and Social Governance*. Cambridge, UK: Polity.

Hobbes, Thomas. (1651) 1991. *Leviathan*. Edited by Richard Tuck. Cambridge, UK: Cambridge University Press. 水田洋訳『リヴァイアサン』全4冊, 岩波書店, 1992年.

Kahan, Arcadius. 1989. *Russian Economic History : The Nineteenth Century*, edited by Roger Weiss. Chicago: University of Chicago Press.

Kautsky, Karl. (1899) 1976. *Bernstein und das Sozialdemokratische Programm : Eine Antikritik*. Berlin: Dietz.

Keane, John. 1988. *Democracy and Civil Society : On the Predicaments of European Socialism, the Prospects for Democracy, and the Problem of Controlling Social and Political Power*. London: Verso.

Kelsen, Hans. 1923. *Sozialismus und Staat : Eine Untersuchung der politischen Theorie des Marxismus*. Leipzig: C. L. Hirschfeld. 長尾龍一訳『社会主義と国家：マルクス主義政治理論の一研究』木鐸社, 1976年.

Kornai, Janos. 1980. *Economics of Shortage*, 2 vols. Amsterdam: North-Holland.

Kymlicka, Will. (1990) 2002. *Contemporary Political Theory : An Introduction*, 2 nd ed. Oxford: Oxford University Press. 千葉眞・岡崎晴輝 訳者代表『新版 現代政治理論』日本経済評論社, 2005年.

Lafargue, Paul.（1880）2016. *Le droit à la paresse*. Collicis-Crandelain, FR : Lumpen. 田淵晋也訳『怠ける権利』平凡社, 2008年.

Lassalle, Ferdinand.（1862）1919. *Das Arbeiterprogramm*. In vol. 2 of *Gesammelte Reden und Schriften*, edited by Eduard Bernstein, 139-202. Berlin : P. Cassirer. 小泉信三訳『労働者綱領』岩波書店, 1928年.

Latouche, Serge. 2010. *Pour sortir de la société de consommation : Voix et voies de la décroissance*. Paris : Les Liens qui Libèrent. 中野佳裕訳『〈脱成長〉は、世界を変えられるか？：贈与・幸福・自律の新たな社会へ』作品社, 2013年.

Lavelle, Ashley. 2008. *The Death of Social Democracy : Political Consequences in the 21st Century*. Hampshire : Ashgate.

Lawson, Neal. 2018. "Averting the Death of Social Democracy." *Social Europe*. Published Dec. 20, 2018. https ://www.socialeurope.eu/averting-the-death-of-social-democracy

League of Nations.（1945）1983. *Industrialization and Foreign Trade*. New York : Garland Pub.

Lenin, Vladimir I.（1911）1966. "To Maxim Gorky." In vol. 34 of *V. I. Lenin Collected Works*, 437-40. Moscow: Progress Publishers.「ア・エム・ゴーリキーへ」マルクス＝レーニン主義研究所訳『レーニン全集』第34巻：497-501, 大月書店, 1959年.

———.（1917）1964. *The State and Revolution : The Marxist Theory of the State and the Tasks of the Proletariat in the Revolution*. In vol. 25 of *V. I. Lenin Collected Works*, 385-497. Moscow: Progress Publishers.『国家と革命：マルクス主義の国家学説と革命におけるプロレタリアートの諸任務』マルクス＝レーニン主義研究所訳『レーニン全集』第25巻：411-533, 大月書店, 1957年.

———.（1920）1966. "The Second Congress of the Communist International." In vol. 31 of *V. I. Lenin Collected Works*, 213-63. Moscow : Progress Publishers.「共産主義インタナショナル第二回大会」マルクス＝レーニン主義研究所訳『レーニン全集』第31巻：207-57, 大月書店, 1959年.

———.（1922）1966. "Notes for a Report 'Five Years of the Russian Revolution and the Prospects of the World Revolution' at the Fourth Congress of the Comintern." In vol. 36 of *V. I. Lenin Collected Works*, 585–87. Moscow : Progress Publishers.「コミンテルン第 4 回大会での演説のプラン」マルクス＝レーニン主義研究所訳『レーニン全集』第36巻：691-93，大月書店，1960年.

Locke, John.（1690）1988. *Two Treatises of Government*. Edited with an introduction and notes by Peter Laslett. Cambridge, UK : Cambridge University Press. 伊藤宏之訳『全訳 統治論』柏書房，1997年.

Luxemburg, Rosa.（1913）1975. *Die Akkumulation des Kapitals : Ein Beitrag zur ökonomischen Erklärung des Imperialismus*. In vol. 5 of *Rosa Luxemburg Gesammelte Werke*, 5-411. Berlin : Diez Verlag. 長谷部文雄訳『資本蓄積論：帝国主義の経済的説明への一寄与』全 3 冊，岩波書店，1934年.

Manley, John F. 2015. "Globalization, Welfare States, and Socialism's Future." *Rethinking Marxism* 27（4）: 508-26.

Martell, Luke. 2012. "Social Democracy in a Global Era." Chap. 2 in *After the Third Way : The Future of Social Democracy in Europe*, edited by Oraf Cramme and Patrick Diamond, 29-44. London : I. B. Tauris.

Matsui, Satoshi. 2022. *Socialism as the Development of Liberalism : Marxist Analysis of Values*. London : Palgrave Macmillan.

Meeting in Moscow, U.S.S.R.（1960）1961. *Statement of Eighty-One Communist and Workers Parties*. New York : New Century Publishers. 日本共産党中央委員会宣伝教育部編『81カ国共産党・労働者党代表者会議の声明と世界各国人民へのよびかけ』日本共産党中央委員会出版部，1963年.

Menger, Anton.（1886）1910. *Das Recht auf den vollen Arbeitsertrag in geschichtlicher Darstellung*, 4 th ed. Stuttgart : J.G. Cotta. 森田勉訳『労働全収権史論』未来社，1971年.

Miliband, Ralph and Marcel Liebman. 1986. "Beyond Social Democracy." *The Socialist Register* 1985/86, vol. 22 : 476-89.

Mill, John Stuart.（1848）1970. *Principles of Political Economy : With Some of Their Applications to Social Philosophy*. London : Penguin Books. 末永茂喜

訳『経済学原理』全5冊,岩波書店,1958-61年.

─── .(1859) 2001. *On Liberty*. London : Penguin Books. 塩尻公明・木村健康訳『自由論』岩波書店,1971年.

Miller, Richard W. 2010. *Globalizing Justice : The Ethics of Poverty and Power*. Oxford : Oxford University Press.

Myrdal, Gunnar. 1960. *Beyond the Welfare State : Economic Planning in the Welfare States and Its International Implications*. London : G. Duckworth. 北川一雄訳『福祉国家を越えて:福祉国家での経済計画とその国際的意味関連』ダイヤモンド社,1970年.

Nozick, Robert. 1974. *Anarchy, State and Utopia*. New York : Basic Books. 嶋津格訳『アナーキー・国家・ユートピア』上下,木鐸社,1985-89年.

Owen, Robert. (1857) 1993. *The Life of Robert Owen*. In vol. 4 of *Selected Works of Robert Owen*, 3-299. London : Pickering & Chatto. 五島茂訳『オウエン自叙伝』岩波書店,1961年.

Pierson, Christopher. 1991. *Beyond the Welfare State? : The New Political Economy of Welfare*. Oxford : Basil Blackwell. 田中浩・神谷直樹訳『曲がり角にきた福祉国家:福祉の政治経済学』未来社,1996年.

Pleyers, Geoffrey. 2011. *Alter-Globalization : Becoming Actors in the Global Age*. Cambridge, UK : Polity.

Pogge, Thomas W. (2002) 2008. *World Poverty and Human Rights : Cosmopolitan Responsibilities and Reforms*, 2nd ed. Cambridge, UK : Polity. 立岩真也監訳『なぜ遠くの貧しい人への義務があるのか:世界的貧困と人権』生活書院,2010年.

Proudhon, Pierre-Joseph. (1863) 1982. *Du principe fédératif et œuvres diveres sur le problêmes politiques européens*. Vol. 15 of *Œuvres complètes de P. J. Proudhon*. Paris : Slatkine. 江口幹訳「連合の原理」『プルードン Ⅲ』319-422,三一書房,1971年.

Pufendorf, Samuel. (1688) 1964. *De Jure Naturae et Gentium Libri Octo*, vol. 2. English translation by C. H. Oldfather and W. A. Oldfather. New York :

Oceana.

Rahnema, Saeed. 2017. "Radical Social Democracy: A Phase of Transition to Democratic Socialism." Chap. 2 in *Varieties of Alternative Economic Systems: Practical Utopias of an Age of Global Crisis and Austerity*, edited by Richard Westra, Robert Albritton, and Seongjin Jeong, 17-32. London: Routledge.

Rawls, John B. (1971) 1999. *A Theory of Justice*, rev. ed. Cambridge, MA: Belknap Press of Harvard University Press. 川本隆史・福間聡・神島裕子訳『正義論 改訂版』紀伊國屋書店, 2010年.

Robson, William A. 1976. *Welfare State and Welfare Society*. London: George Allen & Unwin. 辻清明・星野信也訳『福祉国家と福祉社会』東京大学出版会, 1980年.

Roper, Brian. 2011. "Reformism on a Global Scale?: A Critical Examination of David Held's Advocacy of Cosmopolitan Social Democracy." *Capital & Class* 35（2）: 253-73.

Russell, Bertrand. (1935) 1963. *In Praise of Idleness*. Unwin: London. 堀秀彦・柿村峻訳『怠惰への賛歌』平凡社, 2009年.

Smith, Adam. (1776) 1979. *An Inquiry into the Nature and Causes of the Wealth of Nations*. Edited by Edwin Cannan. Tokyo: Tuttle. 大内兵衛・松川七郎訳『諸国民の富』全5冊, 岩波書店, 1969年.

Stalin, Joseph. (1924) 1953a. "The Foundations of Leninism." In vol. 6 of *J. V. Stalin Works*, 71-196. Moscow: Foreign Languages Publishing House. 「レーニン主義の基礎について」スターリン全集刊行会訳『スターリン全集』第6巻: 84-202. 大月書店, 1952年.

———. (1924) 1953b. "The October Revolution and the Tactics of the Russian Communists." In vol. 6 of *Collected Works of J. V. Stalin*, 374-420. Moscow: Foreign Language Publishing House. 「十月革命とロシア共産主義者の戦術」スターリン全集刊行会訳『スターリン全集』第6巻: 374-420. 大月書店, 1952年.

―――.（1926）1954. *Concerning Questions of Leninism*. In vol. 8 of *J. V. Stalin Works*, 13-96. Moscow : Foreign Languages Publishing House.「レーニン主義の諸問題によせて」スターリン全集刊行会訳『スターリン全集』第 8 巻：27-117. 大月書店，1952年.

Sweezy, Paul. 1980. *Post-Revolutionary Society*, New York : Monthly Review Press. 伊藤誠訳『革命後の社会 新版』社会評論社，1990年.

Thorp, Willard L. 1926. *Business Annals*. New York : National Bureau of Economic Research.

Tucker. Robert C. 1969. *The Marxian Revolutionary Idea*. New York : W. W. Norton. 雪山慶正訳『マルクスの革命思想と現代』研究社，1971年.

Van Parijs, Philippe. 1995. *Real Freedom for All : What（if Anything）Can Justify Capitalism?* Oxford : Oxford University Press. 後藤玲子・齊藤拓訳『ベーシック・インカムの哲学：すべての人にリアルな自由を』勁草書房，2009年.

Walker, Alan. 1984. *Social Planning : A Strategy for Socialist Welfare*. Oxford : Blackwell. 青木郁夫・山本隆訳『ソーシャルプランニング：福祉改革の代替戦略』光生館，1995年.

Wallerstein, Immanuel. 1983. *Historical Capitalism*. London : Verso. 川北稔訳『史的システムとしての資本主義』岩波書店，1985年.

―――. 1992. "America and the World : Today, Yesterday, and Tomorrow." *Theory and Society* 21 : 1-22.

Warren, Bill. 1980. *Imperialism : Pioneer of Capitalism*, edited by John Sender. London : Verso.

Wootton, Barbara. 1985. "The Moral Basis of the Welfare State." In *In Defence of Welfare*, edited by Philip Bean, John Ferris, and David Whynes, 31-45. London : Routledge.

Yergin, Daniel and Joseph Stanislaw. 1999. *The Commanding Heights : The Battle Between Government and the Marketplace That Is Remaking the Modern World*. New York : Simon & Schuster. 山岡洋一訳『市場対国家：世界を作り変える歴史的攻防』日本経済新聞社，2001年.

参考文献

青木孝平. 2002.『コミュニタリアニズムへ:家族・私的所有・国家の社会哲学』社会評論社.

青柳宏幸. 2012.「マルクス主義からマルクスへ:いわゆる「全面的発達」の批判的検討」教育思想史学会『近代教育フォーラム』21:1-14.

浅見克彦. 1986.『所有と物象化:マルクスの経済学批判における所有論の展開』世界書院.

天野和夫他編. 1976-80.『マルクス主義法学講座』全8巻, 日本評論社.

有尾善繁. 1994a.「労働本質論とその論理(上)」『阪南論集 人文・社会科学編』29(3):1-13.

———. 1994b.「労働本質論とその論理(下)」『阪南論集 人文・社会科学編』29(4):1-10.

今村仁司. 1981.『労働のオントロギー:フランス現代思想の底流』勁草書房.

植村邦彦. 2010.『市民社会とは何か:基本概念の系譜』平凡社.

上村雄彦. 2016.『不平等をめぐる戦争:グローバル税制は可能か?』集英社.

内田弘. 2005.『新版『経済学批判要綱』の研究』御茶の水書房.

宇仁宏幸. 1999.「現代資本主義の構造変化と調整:成長経済を越えて」捧堅二・宇仁宏幸・高橋準二・田畑稔『二一世紀入門:現代世界の転換にむかって』53-94, 青木書店.

大西広. 2020.『マルクス経済学 第3版』慶應義塾大学出版会.

置塩信雄. 1976.『蓄積論 第2版』筑摩書房.

加藤哲郎. 1986.『国家論のルネサンス』青木書店.

川端正久. 1981.「「アフリカ社会主義」論の終焉」『歴史評論』378:35-49, 104.

聽濤弘. 2012.『マルクス主義と福祉国家』大月書店.

金湛. 2002.「中国の産業構造の変化と地域間格差:比較生産性の時系列的および横断的分析を中心に」『龍谷大学経済学論集』42(2):53-73.

小谷義次. 1966.『福祉国家論』筑摩書房.

———. 1977.『現代福祉国家論』筑摩書房.

小松善雄. 2001.「物質代謝論とエコ社会主義論:物質代謝の社会経済システム論的射程」『立教経済学研究』54(3):53-82.

斎藤幸平. 2019.『大洪水の前に：マルクスと惑星の物質代謝』堀之内出版.

斎藤稔. 1975.「東欧諸国」宇高元輔編『社会主義経済論』179-200, 有斐閣.

斉藤悦則. 1998.「アナーキズム」マルクス・カテゴリー事典編集委員会編『マルクス・カテゴリー事典』14-17, 青木書店.

左近毅. 1998.「バクーニン」廣松渉他編『岩波 哲学・思想事典』1267, 岩波書店.

沢田幸治. 2006.「マルクスの「類＝類的存在」について」神奈川大学『商経論叢』43（3）：1-12.

周建超. 2010.「世界歴史理論の視野における東方社会発展の道」『中日社会主義フォーラム：レーニンと東方社会 報告集』110-15.

杉原四郎. 1973.『経済原論Ⅰ』同文館.

高田純. 1988.「マルクスの「自由の国」と人間観（一）」札幌唯物論研究会『唯物論』33：45-55.

———. 1989.「マルクスの「自由の国」と人間観（二）」札幌唯物論研究会『唯物論』34：57-64.

———. 2010.「労働の「彼方」の「自由の国」とはなにか：マルクスの社会観と人間観の射程―二人の対話」『季論21』7：102-13.

田口富久治. 1978.「マルクス, エンゲルスの国家・法理論：その形状と展開」第3, 4節, 天野（1976-80）第2巻：67-105, 日本評論社.

———. 1998.「国家」マルクス・カテゴリー事典編集委員会編『マルクス・カテゴリー事典』171-76, 青木書店.

武川正吾. 1999.『福祉社会の社会政策：続・福祉国家と市民社会』法律文化社.

田端博邦. 1988.「福祉国家論の現在」東京大学社会科学研究所編『転換期の福祉国家』（上），3-75, 東京大学出版会.

———. 2010.『幸せになる資本主義』毎日新聞出版.

田畑稔. 2004.『マルクスと哲学：方法としてのマルクス再読』新泉社.

趙鳳彬. 2000.「中国現代史への一視角：「非資本主義的発展論」再考」『筑紫女学園大学紀要』12：167-88.

富沢賢治. 1974.『唯物史観と労働運動：マルクス・レーニンの「労働の社会化」論』ミネルヴァ書房.

中村哲. 1977. 『奴隷制・農奴制の理論：マルクス・エンゲルスの歴史理論の再構成』東京大学出版会.

中村平八. 1988. 「苦悩するソ連社会主義：ゴルバチョフとペレストロイカ」神奈川大学『経済貿易研究』14：55-70.

西野勉. 1985. 「〈否定の否定〉〈個人的所有の再建〉」富塚良三・服部文男・本間要一郎編『資本論体系3 剰余価値・資本蓄積』319-36, 有斐閣.

二宮厚美. 2002. 『日本経済の危機と新福祉国家への道』新日本出版社.

―――. 2005. 『憲法25条＋9条の新福祉国家』かもがわ出版.

沼田稲次郎. 1951. 『増補 法と国家の死滅』法律文化社.

原光雄. 1956. 「生産力の概念」大阪市立大学『経営研究』20：1-32.

平田清明. 1969. 『市民社会と社会主義』岩波書店.

広井良典. 2001. 『定常型社会：新しい「豊かさ」の構想』岩波書店.

廣松渉. 1969. 『マルクス主義の地平』勁草書房.

福祉国家と基本法研究会, 井上英夫・後藤道夫・渡辺治編. 2011. 『新たな福祉国家を展望する：社会保障基本法・社会保障憲章の提言』旬報社.

福冨正実. 1970. 『共同体論争と所有の原理：資本論体系と広義の経済学の方法』未来社.

堀雅晴. 2017. 『現代行政学とガバナンス研究』東信堂.

正村公宏. 2000. 『福祉国家から福祉社会へ：福祉の思想と保障の原理』筑摩書房.

松井暁. 2012. 『自由主義と社会主義の規範理論：価値理念のマルクス的分析』大月書店.

―――. 2017「人間本質としての労働と『資本論』における「労働日の短縮」」関係7学会合同企画『「21世紀におけるマルクス」報告集』1：45-60.

―――. 2018. 「人間本質としての労働と『資本論』における「労働日の短縮」」『季論21』40：250-61, 木の泉社.

―――. 2019. 「マルクス主義の疎外国家論」『専修経済学論集』54（1）：97-105.

―――. 2020. 「社会民主主義の再生とマルクス主義」『専修経済学論集』55（1）：1-17.

―――. 2021. 「労働所有論と生産手段所有論」『専修経済学論集』56（2）：285-98.

———. 2023.『ここにある社会主義：今日から始めるコミュニズム入門』大月書店.

松下冽. 2022.『ポスト資本主義序説：政治空間の再構築に向けて』あけび書房.

水島治郎. 2016.『ポピュリズムとは何か：民主主義の敵か，改革の希望か』中央公論社.

村上和光. 1987.『国家論の系譜』世界書院.

百木漠.（2014）2018.「アーレントのマルクス「誤読」をめぐる一考察：労働・政治・余暇」『社会システム研究』17：71-85, 2014年.『アーレントのマルクス：労働と全体主義』117-58, 人文書院, 2018年.

森村進. 1997.『ロック所有論の再生』有斐閣.

山口二郎・宮本太郎・小川有美編. 2005.『市民社会民主主義への挑戦：ポスト「第三の道」のヨーロッパ政治』日本経済評論社.

山口拓美. 2013.『利用と搾取の経済倫理：エクスプロイテーション概念の研究』白桃書房.

山田鋭夫. 1991.『レギュラシオン・アプローチ：21世紀の経済学』藤原書店.

———. 2008.『さまざまな資本主義：比較資本主義分析』藤原書店.

山田鋭夫・植村博恭・原田裕治・藤田奈々子. 2018.『市民社会と民主主義：レギュラシオン・アプローチから』藤原書店.

山田信行. 2012.『世界システムという考え方：批判的入門』世界思想社.

山之内靖. 2004.『受苦者のまなざし：初期マルクス再興』青土社.

吉田文和. 1980.『環境と技術の経済学：人間と自然の物質代謝の理論』青木書店.

吉田傑俊. 2000.『国家と市民社会の哲学』青木書店.

ラミス，ダグラス. 2000.『経済成長がなければ私たちは豊かになれないのだろうか』平凡社.

若森章孝. 1993.『資本主義発展の政治経済学：接合理論からレギュラシオン理論へ』関西大学出版部.

渡辺憲正. 2002.「無所有の歴史的ポテンシャル：マルクス所有論再考」唯物論研究協会『唯物論研究年誌』7：125-49, 青木書店.

———. 2005.「『経済学批判要綱』の共同体／共同社会論」関東学院大学『経済系』223：16-40.

あとがき

　ここでは筆者の研究計画における本書の位置づけについて述べておきたい．筆者は1980年代後半に大学院に進学し，一橋大学の故松石勝彦教授のもとでマルクス経済学を学んだ．その80年代末期からソ連・東欧の国家体制が崩壊し始めると，社会主義とは何か，もしくは何でないのか，という問題がそれまでに以上に重大になってきた．

　マルクス経済学の主要課題は，資本主義社会の構造的矛盾を明らかにすることである．資本主義社会の後に到来する共産主義社会の展望が誰の目にも明確であるならば，マルクス経済学者は躊躇なく資本主義社会を批判することができる．しかしポスト資本主義社会としての共産主義社会が果たして可能なのか，さらにはそもそもそれが望ましいのかという点が曖昧なままでは，責任をもって資本主義社会に反対することができないのではないか，このように筆者は考えはじめた．

　そこで筆者は，教員として就職後は大学でマルクス経済学を教えながら，研究としては社会主義とは何かという問題に取り組むことになった．通常の社会主義研究は，市場・国家のような体制・制度の次元を対象とする手法がほとんどであった．しかし，筆者は体制・制度よりも根本的な価値理念の次元で探究するアプローチを採用した．

　主流派の社会科学では，1970年代初頭にJ・ロールズの『正義論』（［1971］1999）が刊行されて以降，規範理論が復権しつつあった．この領域にマルクス派から踏み込んだのが，分析的マルクス主義学派であった．筆者は規範理論に関心がある研究者と現代規範理論研究会などを立ち上げたり，分析的マルクス主義学派の代表たるG・コーエンの『自己所有権・自由・平等』（1995）

167

を翻訳したりして，マルクス学派における規範理論の構築という課題に取り組んだ．

その成果が『自由主義と社会主義の規範理論』（松井 2012）であった．この著作で筆者は社会主義とは何かという問いに対して，一方で社会主義は自由主義の延長であるが，他方で社会主義は自由主義の否定であり，この意味で社会主義は自由主義の発展であるという答えを提示した．その10年後には，この著作の内容をさらに精緻化し，新たな論点を加えて，Socialism as the Development of Liberalism（Matsui 2022）を刊行した．社会主義とは何かを価値理念の次元で明らかにするという筆者の目的は，これで達成された．

そこで次に筆者は，社会主義とは何かという課題に体制・制度の次元から接近することになった．この次元で社会主義派の中でもっとも大きな論争点となったのは，ソ連・東欧の社会体制が国家の教義とした「共産主義」と西欧の社会主義運動が推進する社会民主主義の関係である．社会主義を価値理念の次元で考察してきた筆者にとって，この問題に対する答えを出すのはさほど難しくはなかった．

まず「共産主義」に基づくソ連型社会体制は社会主義を自称してきたが，実際にはそれとはまったく無縁の体制であった．なぜなら社会主義は自由主義の発展の上にのみ可能であるにもかかわらず，ソ連型社会体制はそれを真っ向から拒否したからである．

では社会民主主義はどう評価されるべきか．社会民主主義は自由主義の発展の上に社会主義を構築しようとする点で，社会主義の本流である．しかし社会民主主義右派は福祉国家資本主義体制を永久に維持しようとする点で，社会主義の範疇に入れることはできない．では社会民主主義左派はどうかというと，彼らが新自由主義による福祉国家への攻撃に対抗し，それを再建するのみならず共産主義社会への方向をめざすならば，今日もっとも社会主義的な勢力だと規定しうる．

ただしここで注意しなければならないのは，先進資本主義国では福祉国家を再建したならば，ただちに共産主義社会に移行しなければならないことである．なぜなら資本主義がグローバル化と情報化を経た現段階では，福祉国家の永続は不可能だからである．したがって福祉国家の推進が社会民主主義の本領であったとすれば，社会主義への移行が課題となった先進国では，社会民主主義はその使命を終え，社会主義へ転換することが迫られている．

さて昨年，筆者は『ここにある社会主義』（松井 2023）を出版した．この著作では『自由主義と社会主義の規範理論』や本書に掲載された論文での研究を下敷きとし，ソ連型社会体制の評価や社会主義の人類史的把握を加えて，筆者が考案した社会主義論の概要を提示した．

今後，筆者が取り組みたいのは，福祉国家資本主義から社会主義への移行の道筋を解明することである．それは急激な変化ではなく，いくつかの段階を踏まえた漸進的移行になるであろう．この問題については，自由主義左派は財産所有民主主義のように資本主義の性格を希薄化した市民社会を推奨しているし，社会主義派においても市場社会主義の評価や民主的計画経済の具体像をめぐって多様な提案がなされている．これらの研究動向を踏まえつつ，自らの社会主義経済論を提示することが，筆者の今後の課題である．

本書の刊行にあたっては，専修大学から2024年度図書刊行助成を支給された．2名の匿名審査委員からは貴重な助言をいただいた．出版作業については，専修大学出版局の真下恵美子さんにたいへんお世話になった．ここに記して謝意を表する．

事項索引

アソシエーション（協同社会） 24, 34, 114–15, 123, 141, 149
アナーキズム 3, 14, 37, 111, 117–18, 120–21
エコロジー 2, 29, 35, 39–40, 42, 44, 47, 49–50, 53–57, 149
危害原則 119
グローバリゼーション，グローバル化 1, 3–4, 15, 21, 24, 31–33, 38, 59, 125–27, 130, 132, 139, 141–43, 147, 149
経済成長 1–2, 11–13, 16–18, 21, 24–26, 32–33, 36, 54, 57, 59, 129, 132–33, 136–41, 147, 149–50
原始共同体 42, 94–95, 98, 101–2, 107
貢献原理 2, 52, 62–63, 70, 86, 100, 103–4, 128
コスモポリタニズム 24, 34, 147
国家独占資本主義 17, 30, 110, 138
国家の廃絶 3, 14, 111, 117–18, 120, 122–23
国家論
　階級── 3, 109–12, 114, 118–23
　自由主義── 3, 112, 117–22
　疎外── 3, 6, 111–14, 119–23
　マルクス主義── 112, 120–21
搾取論 1, 68, 79–80, 82, 86, 90, 94, 107, 128
自己所有権原理 64, 70, 79–82, 107, 128
自己労働に基づく所有 64, 86, 88–93, 96, 101–4, 107
自然制御能力 2, 39, 44, 47–49, 57
史的唯物論 1–3, 15–16, 21, 34–35, 39–40, 42, 44, 47, 49–51, 54–57, 79, 81, 83, 101, 105, 107, 110, 128–29, 134, 137, 143, 147

資本の文明化作用 3, 45, 129–30
自由時間 2, 54, 61–62, 65–67, 72–75, 80–82, 89, 98, 140
従属理論 4, 20, 134, 136–37, 141, 143–44
自由な活動 12–13, 24, 52, 65–66, 72–73, 78–79, 81, 89, 99–100
「自由の国」 12–13, 51–53, 60, 71–72, 82, 101
所有
　社会的── 16, 27, 35, 70, 83, 85–89, 92, 95–96, 99–100, 102–3, 105–6, 129, 149–50
　本源的── 86, 94–96, 100–2, 104–5, 107–8
新自由主義 1, 3–4, 11, 21–23, 27, 30–34, 37, 125–26, 135–36, 139, 141–42, 148–50, 168
生産関係 13, 15–16, 35, 40–42, 49, 55–56, 62, 92, 105, 127, 129, 137, 139–40
生産主義 24–26, 39–40, 55–56, 59
生産手段所有論（TOMP） 2–3, 6, 86, 89, 94, 100–1, 104–5, 108
生産性 2, 12, 16, 26, 39, 43–44, 50, 56, 98, 100
生産の社会化 88, 96, 100, 102–3, 107, 129, 137, 140
生産量 2, 12, 39, 42–44, 47, 49, 51–57, 84, 133
生産力 2, 15–16, 24–26, 35, 39–40, 42–44, 46, 48–53, 55–57, 64–65, 67, 70–72, 74–75, 78, 83–84, 95–97, 99–105, 108, 127–28, 132, 136–37, 139, 141
疎外論 1, 67, 70–71, 101, 108, 122–23, 127, 147

171

ソ連型社会体制　4-5, 11, 13-14, 20, 25, 30, 69, 83, 109-12, 118, 132, 136-38, 168-69
「第三の道」　1, 11, 21-23, 27, 34, 37, 139
帝国主義　12, 16, 20, 131-32, 141, 144
定常型社会，定常状態　1-2, 13, 24-26, 34-35, 54, 56-57, 59, 129, 136-37, 139-40, 147
ナショナリズム　12, 15, 19-21, 31-33, 125, 147
非資本主義的発展　125-28, 130-31, 137, 144
「必然性の国」　12, 35, 51-53, 60, 71-72
必要原理　2, 27, 62, 64, 70, 99-100, 104, 128
福祉国家　1, 4, 11-13, 16-24, 26-28, 31-37, 59, 109-10, 116, 136, 138-39, 141-43, 148-51, 168-69
物質代謝　12-13, 39, 43-44, 48-49, 51-52, 56, 59-60, 65, 70-77, 79, 84
ベーシック・インカム　27, 34, 99, 139

ポピュリズム　29, 37
余暇　2, 62, 65, 67, 74, 80, 82
リカード派社会主義　4, 89, 94, 101
労働
　一般的——　97, 100
　社会的——　69, 88, 93-94, 97-98
　疎外された——　60-61, 67, 69-70, 73-74, 79-80, 83, 97
労働からの解放　2, 13, 34-35, 60-61, 74, 81, 84
労働所有論（TL）　2-3, 6, 85-86, 88-91, 93-94, 96, 100-2, 104-5, 108
労働全収権論　86, 89-90, 94, 101-2, 106
労働の解放　2, 13, 60-61, 72, 74, 81
労働の社会化　88, 92-93, 96, 102-3, 105, 107
労働の廃絶　59, 74, 79-80, 97-98, 140
労働本質論　74-76, 79, 84

人名索引

Althusser, Louis 108
Amin, Samir 134-35, 144
Anderson, Kevin B. 143
Arendt, Hannah 60-61, 81
Bahro, Rudolf 144
Bakunin, Mikhail A. 117-18
Baudrillard, Jean 56
Beer, Max 106
Bentham, Jeremy 85
Benton, Ted 56
Bernstein, Eduard 138
Blair, Tony 20-21, 32
Block, Fred 23-24
Boyer, Robert 23
Bush, George W. 20
Callinicos, Alex T. 22, 38
Chattopadhyay, Paresh 144
Chaves, Hugo 144
Clinton, Bill 32
Cohen, Gerald A. 81, 106-7, 128, 167
Cramme, Oraf 28
Crosland, Anthony 36
D'Alema, Massimo 32
Delors, Jacques 32
Diamond, Patrick 28
Dieterich, Heinz 136, 144
Ellerman, David P. 106
Engels, Friedrich 101, 106, 113, 127
Esping-Andersen, Gøsta 22, 36
Evans, Peter B. 122

Feuerbach, Ludwig 114
Fisher, William F. 145
Fitzpatrick, Tony 23, 25
Ford, Henry 138
Foster, John Bellamy 35, 56
Fourier, Charles 65-66, 82
Friedland, William H. 144
Friedman, David 123
Giddens, Anthony 21
Goodin, Robert E. 26, 81
Habermas, Jürgen 84, 122
Held, David 31-32, 38, 126, 145
Hirst, Paul 37
Hobbes, Thomas 118
Kahan, Arcadius 144
Kautsky, Karl 138
Keane, John 37
Kelsen, Hans 123
Keynes, John Maynard 16-17, 138
Kornai, Janos 25
Kymlicka, Will 84
Lafargue, Paul 83
Lassalle, Ferdinand 86, 94, 103, 122
Latouche, Serge 81
Lavelle, Ashley 36
Lawson, Neal 28
Lenin, Vladimir I. 4-5, 16, 30, 126, 131-32, 139, 144, 147-48, 150
Liebman, Marcel 36
Locke, John 89, 95, 106, 118

173

Lummis, C. Douglas　81
Luxemburg, Rosa　142
Manley, John F.　38
Martell, Luke　38
Menger, Anton　106
Miliband, Ralph　36
Mill, John Stuart　24, 59, 119
Miller, Richard W.　30-31, 37
Myrdal, Gunnar　27
Nozick, Robert　123
Nyerere, Julius　135
Owen, Robert　127
Pierson, Chris　22
Pleyers, Geoffrey　143
Pogge, Thomas W.　37
Ponniah, Thomas　145
Proudhon, Pierre-Joseph　97-98, 118
Pufendorf, Samuel　87, 106
Putin, Vladimir　132
Rahnema, Saeed　36, 38
Rawls, John B.　30, 37, 108
Reagan, Ronald　139
Ricardo, David　4, 89, 94, 101
Robson, William A.　27
Roper, Brian　38
Rosberg, Carl G., Jr.　144
Rueschemeyer, Dietrich　122
Russell, Bertrand　83
Schröder, Gerhard　32
Skocpol, Theda　122
Smith, Adam　78, 89
Stalin, Joseph　20, 132
Stanislaw, Joseph　122
Stolypin, Pyotr　132

Sweezy, Paul　122
Thatcher, Margaret　139
Thorp, Willard L.　144
Tobin, James　32
Tucker, Robert C.　123
Van Parijs, Philippe　27
Walker, Alan　36
Wallerstein, Immanuel　143, 145
Warren, Bill　144
Wootton, Barbara　36
Yeltsin, Boris　132
Yergin, Daniel　122

青木孝平　108
青木昌彦　23
青柳宏幸　82
浅見克彦　107
天野和夫　36
有尾善繁　84
今村仁司　81-82
植村邦彦　37
上村雄彦　145
植村博恭　37
内田弘　82
宇仁宏幸　81
大西広　56
小川有美　29
置塩信雄　56
加藤哲郎　122
川端正久　144
聽濤弘　37
金湛　144
小谷義次　17, 110
小松善雄　57

174

斎藤幸平　35, 56
斎藤稔　144
斉藤悦則　123
左近毅　123
沢田幸治　82
周建超　144
杉原四郎　81
高田純　81
田口富久治　113-14, 123
武川正吾　37
田端博邦　36
田畑稔　116, 123
趙鳳彬　144
鄧小平　133
富沢賢治　88, 106-7
中村哲　94
中村平八　144
西野勉　107
二宮厚美　37
沼田稲次郎　123
原光雄　56
原田裕治　37
平田清明　106
広井良典　81

廣松渉　108
福冨正実　144
藤田奈々子　37
堀雅晴　123
正村公宏　36
松井暁　36, 79-80, 82, 123, 168, 169
松石勝彦　167
松下洌　145
水島治郎　37
宮本太郎　29
村上和光　123
毛沢東　133
百木漠　81
森村進　106
山口二郎　29
山口拓美　82
山田鋭夫　23, 37
山田信行　144
山之内靖　83
吉田文和　56
吉田傑俊　116
劉少奇　133
若森章孝　145
渡辺憲正　107-8

著者

松井 暁（まつい さとし）

1960年生まれ．専修大学経済学部教授．東京大学文学部哲学科卒業．一橋大学経済学研究科博士課程単位取得．博士（経済学）．専門は社会経済学，経済哲学．

著書

Socialism as the Development of Liberalism : Marxist Analysis of Values（Palgrave Macmillan, 2022）
『ここにある社会主義：今日から始めるコミュニズム入門』（大月書店，2023年）
『自由主義と社会主義の規範理論：価値理念のマルクス的分析』（大月書店，2012年）
『ポスト・リベラリズムの対抗軸』（共編著，ナカニシヤ出版，2007年）
『現代規範理論入門：ポスト・リベラリズムの新展開』（共編著，ナカニシヤ出版，2004年）
『ポスト・リベラリズム：社会的規範理論への招待』（共編著，ナカニシヤ出版，2000年）
『アナリティカル・マルキシズム』（共編著，ナカニシヤ出版，1999年）

訳書

G・A・コーエン『自己所有権・自由・平等』（共訳，青木書店，2005年）
F・カニンガム『民主政の諸理論：政治哲学的考察』（共訳，お茶の水書房，2004年）

社会民主主義と社会主義

2024年12月11日　第1版第1刷

著　者　松井　暁
発行者　上原伸二
発行所　専修大学出版局
　　　　〒101-0051　東京都千代田区神田神保町3-10-3
　　　　　　　　　　（株）専大センチュリー内
　　　　電話 03-3263-4230（代）

印刷
製本　　亜細亜印刷株式会社

ⒸSatoshi Matsui 2024　Printed in Japan
ISBN978-4-88125-395-3